안녕 틴틴팅클

너와 함께면 매일이 토요일

스티커북

편집부 엮음

스티커 400+

대원앤북

캐릭터 소개

동생 탱글이

팅클

초코색 몸에 하얀 발을 가진 고양이.
낙천적이고, 활발하며 엉뚱하지만
은근히 속이 깊다.

틴틴

흰색과 검은색의 얼룩 고양이.
상냥하고 다정한 성격이지만
조금 소심한 면도 있다.

베리 & 미니

고등어 무늬의 고양이들.
언니 베리는 책임감이 강하고,
동생 미니는 그런 언니를 제일 좋아한다.

외할머니

콩물

치즈 색의 고양이.
비염이 있어 항상 훌쩍인다.
표현은 서툴지만 알고 보면 다정하다.

민들레 초등학교 친구들

베프
임자의 베프
설기
설기의 베프
임자
친구
친구
팅클이를 짝사랑 중인
멍뭉
친구
베프
공부 잘하는 반장
석기
짝사랑
짱친
짱친
친구
반 친구
콩뭉이의 옛 짝꿍
비지
먹는 게 제일 좋은
마로
동생
반 친구
베프
담임 선생님
자랑을 좋아하는
꾀돌이
베리의 베프
홍시
귀여운 언니바라기
미니

떡볶이

수업이 끝나자마자 학교 앞 골목으로 달려왔다!
떡볶이집 아주머니의 푸근한 웃음과
익숙한 손맛이 우리를 반겨 주었다.

"컵떡볶이 하나요!"

종이컵에 담긴 매콤달콤한 떡볶이에
튀김 하나를 얹어 친구와 나눠 먹으니
세상에 부러울 게 없었다!

용돈은 줄어들었지만… 그래도 괜찮았다!
나의 행복은 종이컵 안에
들어 있으니까…♡

비 오는 날

집에 갈 시간인데 갑자기 비가 쏟아졌다.
우산을 깜빡 잊고 안 가져왔는데 어쩌지?
교문 앞에서 한참을 기다렸지만, 엄마는 오지 않으셨다.

대신 친구가 같이 쓰자며 우산을 내밀었다.
우산 아래에서 꼭 붙어 걷다, 물웅덩이를 '첨벙!' 밟았다.
비에 젖은 달팽이와 지렁이도 구경했다.
울적했던 기분이 조금씩 나아졌다.

그때, 멀리서 엄마 목소리가 들렸다.
우산을 들고 달려오고 계셨다.

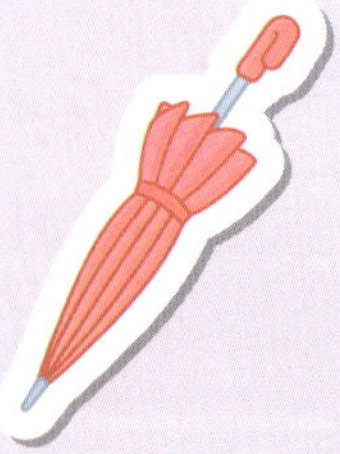

"여기 있었구나, 많이 기다렸지?"

엄마 목소리에 어쩐지 눈물이 날 뻔했지만,
빗물인 척 쓱 닦으며 집으로 향했다.

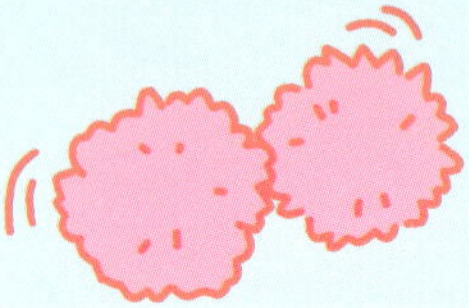

운동회

오늘은 기다리던 운동회 날이다!

"우리 팀, 파이팅!"

아이들은 팀별로 치열한 응원전을 벌였다.
달리기, 단체 줄넘기, 박 터트리기까지!
점수는 엎치락뒤치락하며 쌓여 갔다.

점심시간에는 친구들과 도시락을 나눠 먹었다.
은박지에 싸인 한 줄짜리 김밥도,
예쁜 도시락통에 담긴 유부초밥도 맛있었다.

열심히 응원하느라 목은 다 쉬어버렸지만,
하루 종일 흘린 땀만큼 뿌듯한 하루였다.

쉬는 시간

종이 울리자, 교실이 시끌시끌해졌다.
다들 웃고, 떠들며 장난치기 바빴다.

'얼음!' 소리에 세상이 멈추기도,
공깃돌 한 알에 울고 웃기도 했다.

사물함에서 간식을 꺼내 와, 나눠 먹으려는데
반장이 큰 소리로 외쳤다.

"선생님 오신다!"

수다를 떨던 아이들이 순식간에 자리로 돌아갔다.
쉬는 시간이 조금 더 길면 좋을 텐데!
친구와 다음 쉬는 시간을 기약하며 눈빛을 주고받았다.
다음 쉬는 시간에는 더 재미있게 놀아야지!

감자짱
자캐니
냥크닉
APPLE
팅클
틴틴

짝 바꾸기

어느덧 한 달이 지나 짝을 바꾸는 날이 되었다.

"이번에는 누구랑 앉게 될까?"

왠지 모를 설렘과 걱정에 가슴이 콩닥콩닥 뛰었다.
친한 친구와 '이번에는 꼭 같이 앉자'며
소원까지 빌었는데… 아뿔싸!
잘 모르는 친구와 짝이 되고 말았다.

처음에는 조금 어색했지만
지우개를 빌려주고, 펜을 나눠 쓰다 보니
순식간에 가까워졌다.

짝이 바뀐다는 건 좋은 거구나.
매번 새로운 친구가 생긴다는 뜻이니까!

자유시간

급식 시간

오늘 아침에도 우유 급식이 나왔다.
앞자리 친구의 입술 위에도, 옆자리 친구의 입술 위에도
새하얀 무지개가 떠올랐다.

나는 친구들 몰래 가방에서 코코아 가루를 꺼냈다.
흰 우유에 넣고 흔들면, 맛있는 초코 우유로 변신~.
매일 달콤한 우유를 마시는 건··· 엄마에게는 비밀이다!

점심시간이 되자 급식실이 시끌벅적해졌다.
급식 아주머니께서 많이 먹으라며
맛있는 반찬을 듬뿍 담아 주셨다.

돈가스와 스파게티라니!
월, 화, 수, 목, 금 모두 '수다날'이면 좋겠다!

* '수요일은 남기지 않고 다 먹는 날'로, 주로 학생들이 좋아하는 메뉴가 나온다.

초코맛
냥냥우유
냥냥우유
턴턴's
급식표

안녕! 틴틴팅클 네컷 스티커

세상에 둘도 없는 베프인 틴틴이와 팅클이,
콩물이를 포함한 민들레 초등학교 친구들과
사랑스러운 자매 베리, 미니까지!

때로는 다투기도 하지만
서로의 곁에 있을 때 가장 행복한
틴틴팅클 친구들의 우정과 사랑을
네컷 스티커로 만나 보세요!

린린 & 팅클 네컷

콩물이 & 친구들 네컷

베리 & 미니 네컷

서로의 곁에 있을 때 가장 행복한 우리!

추억의 교실 스티커

교실 속 추억의 물건들이 스티커로 찾아왔어요!
필통, 교과서, 책상 위 소소한 물건들까지,
그때의 기억이 고스란히 담긴 소품들을 만나 보세요.

"와, 이거 우리 반에도 있었는데!"

붙이는 순간, 교실에 울려 퍼지던 웃음소리와
친구들과 나누었던 대화까지
그대로 되살아나는 '추억의 교실' 속 소품 스티커로
틴틴팅클 친구들과 함께 시간 여행을 떠나 볼까요?

방구탄
영어
캣냐의 위협
나니의 주먹
나니의 주먹
캣냐의 위협
차캐니
아폴로
논프렁
chocobar
꾀동이
기차맛콘

행운의 부적 스티커

오늘은 왠지 뭐든 잘될 것만 같은 기분!

책상, 다이어리, 휴대폰 등 어디든 붙여 보세요.
시험도, 발표도, 바라왔던 일도
모두 원하는 대로 이루어질 거예요.

틴틴팅클 친구들이 마음을 듬뿍 담아
여러분의 소원을 응원합니다!

다 잘
풀 림

행 운
만 땅

부 자
기 원

무 병
장 수

소 원
성 취

승 승
장 구

목표 달성 스티커

틴틴팅클 친구들은 오늘도 각자의 목표를 향해
한 걸음씩 나아가고 있어요!
팅클이는 갖고 싶은 장난감을 사기 위해 용돈을 모으고,
베리는 미니와의 약속을 지키기 위해 일찍 잠들죠.

반드시 이루고 싶은 목표가 있다면
틴틴팅클 친구들과 매일 한 칸씩 채워 나가 보세요.
뿌듯함과 즐거움이 쌓이다 보면,
어느새 바라던 꿈에 성큼 다가와 있을 테니까요!

사계절 스티커

틴틴팅클 친구들의 모든 계절이 담긴 스티커로
사계절의 다채로움을 느껴 보세요!

봄에는 꽃잎 사이를 뛰어다니고,
여름에는 바다에서 신나게 헤엄치고,
가을에는 낙엽 위에서 뒹굴고,
겨울에는 눈사람을 만드는 틴틴팅클 친구들!

귀엽고 사랑스러운 스티커가
여러분의 한 해를 가득 채워줄 거예요.

왕커서 왕귀여운 빅 스티커 1

크기도 두 배! 귀여움도 두 배!
각 캐릭터의 매력이 듬뿍 담긴
빅 스티커와 함께라면
어디든 특별한 공간으로 변신!

노트북이나 패드를 꾸밀 때도,
캐리어에 붙여 함께 여행을 떠날 때도
유용하게 사용할 수 있어요.

미니

공중 목욕탕

아침 일찍 친구와 목욕탕에 갔다.
문을 열자 수증기가 모락모락 피어 올랐다.

"아~ 시원하다!"

친구와 서로 등도 밀어 주고,
거품으로 장난도 치고, 냉탕에서 수영도 했다!

목욕을 마친 뒤, 달콤한 바나나 우유와 식혜를 마셨다.
반질반질한 구운 달걀도 금세 먹어 치웠다.

깨끗해진 몸으로 나서니 바람이 상쾌했다.
마음까지 반짝반짝해지는 기분이었다.

나나 우유
냉탕
열탕

놀이터

느지막이 점심을 먹고 놀이터에 갔다.
친구들이 삼삼오오 모여 있었다.
나도 얼른 그네에 올라타 발을 힘껏 굴렀다.

"더 세게! 더 높이!"

손바닥이 까매지도록 모래성도 쌓고,
엉덩이가 닳도록 미끄럼틀도 타다 보니
어느새 어두운 저녁이 되었다.
우리는 놀이터 한구석에 모여
작은 상자 속에 보물을 하나씩 담았다.

'어른이 되기 전까지는 열지 말자'고 약속하며
타임캡슐을 땅속 깊이 묻었다!
내가 저 상자를 몰래 열어볼 줄은…
꿈에도 모르겠지?

친구네 집

오늘은 주말을 맞아 친구네 집에 놀러 갔다.
친구가 적어 준 쪽지를 보고 버스에 올랐다.

내릴 정류장을 떠올리며 창 밖을 바라보다…
그만 깜빡 잠이 들고 말았다!
눈을 뜨니 버스에는 나 혼자뿐이었다.

한참을 헤매다 골목에 들어서니
멀리서 친구가 손을 흔들고 있었다.

"얼른 와, 같이 라면 먹자!"

친구가 끓인 라면을 맛있게 먹고,
같이 비디오 게임을 했다.
돌아가는 길에는 절대 졸지 않겠다고 다짐했다!

슈퍼와 문방구

친구와 신나게 놀다 동네 슈퍼에 들렀다.
문을 열자, 간식들이 우리를 반기는 것 같았다.

"난 초코 과자!"
"그럼 난 포도 젤리!"

우리는 간식을 하나씩 골라 들고,
동네의 보물 창고인 문방구로 향했다.
새로운 스티커와 예쁜 펜이 가득했다.

그 틈에서 마음에 쏙 드는 다이어리를 발견했다.
표지에는 귀여운 곰돌이가 그려져 있었다.
우리는 교환 일기를 쓰기로 다짐했다.
너 한 번, 나 한 번 차곡차곡 쓰다 보면
재미있는 이야기로 가득 채워지겠지?

열쇠로 너만의 "비밀"을 지켜봐!
우정 시크릿 다이어리
반가워 팬순이
반가워 팬순이
짱 라면
바람의 맛 윈드
스마일 두개더 바닐라
인기 애니메이션 괴물짱 딱지 500가지
인기 애니메이션 괴물짱 딱지 500가지

생일 파티

"생일 축하합니다~♫"

친구들이 큰 소리로 노래를 불러 주었다.
나는 초를 후~ 불며 소원을 빌었다.
무슨 소원이냐고? 그건 비밀이다.
말하면 안 이루어지니까!

예쁜 포장지에 담긴 선물을 하나씩 풀어 보았다.
그 안에는 직접 쓴 편지와 반짝이는 카드가 들어 있었다.
선물보다, 준비해 준 친구의 마음이 더 고마웠다.

파티가 끝나고, 친구들과 신나게 뛰어놀았다.
오늘은 정말 세상에서 제일 행복한 날이었다.
매일매일이 생일이었으면 좋겠다!

틴틴이의
생일파티에
초대합니다
날짜 : 오월 무일
장소 : 틴틴이네 집

병문안

며칠 전, 친구가 조퇴를 했다.
달리기를 하다 쓰러졌기 때문이다.

며칠 째 학교에 나오지 않아 담임 선생님께 여쭤보니
병원에 입원했다고 말씀해 주셨다.

친구들과 함께 음료수를 사 들고 병문안을 갔다.
예상과 달리 친구는 밝게 웃는 얼굴로 우리를 반겨 주었다.
우리는 침대 위에 옹기종기 모여 앉아
과일도 먹고, 만화책도 읽었다.

집에 갈 시간이 되어, 친구와 작별 인사를 했다.
홀로 병원에 남아있는 모습을 보니 마음이 좋지 않았다.
친구가 얼른 나았으면 좋겠다.

오렌지
프리미엄
하루
과일
주스

팅클이의 소원 쿠폰 스티커

팅클이가 어버이날을 맞이해 준비한
소원 쿠폰 스티커를 직접 사용해 보세요!

안마권, 청소권, 심부름권 그리고 만능 쿠폰까지,
다양한 소원이 담겨 있어 유용하게 쓸 수 있답니다.

쿠폰 하나를 떼어 붙일 때마다
작은 재미와 사랑을 느낄 수 있어요.
팅클이의 소원 쿠폰 스티커로
웃음과 행복을 선물해 보세요!

청소 쿠폰
설거지 쿠폰
신발 정리 쿠폰
심부름 쿠폰
안마 쿠폰
애교 쿠폰
뽀뽀 쿠폰
용서 쿠폰
안아 주기 쿠폰
만능 쿠폰
만능 쿠폰
만능 쿠폰

오늘의 기분 스티커

오늘 하루는 어떤 기분이었나요?
틴틴팅클 친구들의 표정이 담긴 '오늘의 기분' 스티커로
매일 달라지는 내 마음을 표현해 보세요.

행복, 신남, 설렘, 화남, 피곤 등
다양한 감정을 귀여운 얼굴에 담았답니다.
내 기분을 기록하며 오늘 하루를 되돌아보세요.
스스로를 더 잘 알게 될 거예요!

기념일 스티커

틴틴팅클 친구들은 기념일에 무엇을 하며 보낼까요?
새해에는 연날리기를, 크리스마스에는 파티를,
핼로윈에는 무시무시한 변장을 즐긴대요!

틴틴팅클 친구들의 모습이 담긴
기념일 스티커를 활용해
특별한 날을 더욱 특별하게 기념해 보세요.
잊지 못할 하루가 완성될 거예요!

스케줄 스티커

다양한 순간들을 스케줄 스티커로 기록해 보세요!
여행이나 생일, 디데이 같은 특별한 날부터
독서, 쇼핑, 청소 등 일상적인 순간들까지!

틴틴팅클 친구들이 여러분의 하루가
재미있고 특별한 날로 기억되도록
만들어 줄 거예요.

여행
여행
공부
공부
잠
잠
독서
독서
영화
영화
쇼핑
쇼핑
식사
식사
요리
요리
청소
청소
SNS
SNS
휴식
휴식
산책
산책
운동
운동
외출
외출
간식
간식
생일
생일
디데이
디데이
디데이

메시지 스티커

애니메이션 속 틴틴팅클 친구들의 문자와
손수 적은 삐뚤빼뚤한 메모!
그리고 마음이 담긴 편지가 스티커로 재탄생했어요.

여기에 최신 밈이 담긴 라벨 스티커까지 더해져
하고 싶은 말을 솔직담백하게 전할 수 있죠.

휴대폰, 다이어리 등 원하는 곳에
개성이 넘치는 스티커를 붙여
내 마음을 표현해 보세요!

엉니…미아내
아프로 혼자하께
울지마..
사랑해
To.팅클
많이 보고싶었어. 그래서 연락을
더 못했어. 이제는 나랑 더이상
친구 안할까 봐 무서워…
바보같아서 미안
011 B·F
-틴틴-
웅니… 이러다가
우리 진짜 거지 돼…
외모
CHECK!
하룰
라라
저승타타
저는 오늘 F예요
오늘부터
달라집니다
안 되는 일은
억지로 하지 말자
이게 되네
내가
그걸 모를까?
둥근해 또 떴네…
이게 안 되네

왕커서 왕귀여운 빅 스티커 2

함께라서 더 사랑스러운
빅 사이즈 스티커로
원하는 곳에 귀여움을 더해 보세요!

밋밋했던 공간도 틴틴팅클 친구들의
모습이 담긴 빅 스티커 하나면
순식간에 특별한 장소로 변신!

어디에 붙여도 한눈에 쏙 들어오는
커다란 스티커와 함께라면
오늘 하루가 더 즐거워질 거예요!

안녕
틴틴팅클
ANIMATION

안녕
틴틴팅클
ANIMATION

목표 달성 & 오늘의 기분 배경판

나만의 작고 소중한 순간들을
차곡차곡 쌓을 수 있는 배경판이에요.

이루고 싶은 목표나 날짜를 적고,
스티커를 하나씩 붙여 보세요.
비어 있는 배경판을 채워 갈수록
성취감과 뿌듯함이 쌓여
더 나은 내가 될 수 있어요!

목표:

1	2	3	4	5
6	7	8	9	10
11	12	13	14	15
16	17	18	19	20
21	22	23	24	25
26	27	28	29	30

MON	TUE
WED	THU
FRI	SAT
SUN	MEMO

틴틴팅클 친구들 색칠 놀이

마음에 드는 펜이나 색연필을 골라
틴틴팅클 친구들을 마음껏 칠해 보세요.

다 칠한 후 알록달록 스티커로
예쁘게 장식하면 세상에 하나뿐인
나만의 틴틴팅클 완성!

준비가 되었다면, 맛있는 도시락을 싸들고
소풍을 나온 틴틴팅클 친구들을
즐겁게 칠해 볼까요?

안녕 틴틴팅클! ANIMATION

너와 함께면 매일이 토요일

스티커북

2025년 11월 28일 1판 1쇄 인쇄
2025년 12월 12일 1판 1쇄 발행

발행인 황민호 **캐릭터비즈사업본부장** 석인수
편집장 손재희 **책임편집** 안세영 **디자인** BjuDesign
발행처 대원씨아이㈜ www.dwci.co.kr **주소** 서울시 용산구 한강대로15길 9-12
전화 02-2071-2158(편집) 02-2071-2066(영업) **팩스** 02-794-7771
등록번호 1992년 5월 11일 등록 제3-563호

979-11-423-3676-8 13650

DAS GROßE SCHASCHLIK KOCHBUCH

DIE LECKERSTEN SCHASCHLIK-REZEPTE FÜR GRILL, BACKOFEN UND PFANNE IM HANDUMDREHEN ZUBEREITEN

Vorwort

Die Tage werden länger, die Temperaturen steigen und jeden zieht es wieder in den Garten oder anderweitig an die frische Luft. Fast schon eine Tradition in der warmen Jahreszeit ist das gemeinsame Grillen mit Freunden und Familie. Der rauchige Geruch der Grillkohle, das süßliche Aroma beim Ablöschen, Rauchschwaden, die durch den Garten ziehen. So stellt man sich einen gelungenen Sommerabend vor.

Neben Steak und Wurst darf auf dem Grill natürlich auch das Schaschlik nicht fehlen. Vielfältig, wie kaum ein anderes Gericht, erfüllt es die Geschmäcker und Vorlieben aller Beteiligten. Doch nicht nur das Zusammenspiel der unterschiedlichsten Zutaten bringt das Schaschlik auf fast jeden Teller, zudem überzeugen die verschiedenen Zubereitungsarten auch den letzten Zweifler.

Ob Fisch- oder Fleischliebhaber, Veganer oder Vegetarier, herzhafter Esser oder Liebhaber des süßen Geschmacks, es gibt für alle das richtige Schaschlik. Und auch, wenn es draußen schon kälter wird, gibt es Möglichkeiten, das Schaschlik im Ofen oder auf einem Elektrogrill zuzubereiten.

Finden Sie in diesem Buch viele Ideen, Variationen und Rezepte für ein gelungenes Schaschlik. Lassen Sie sich inspirieren von der Vielfalt und probieren Sie sich durch die vielen unterschiedlichen Geschmäcker. In verschiedenen Kategorien werden Sie viele unterschiedliche Rezepte für alle Vorlieben finden. Wir wünschen Ihnen viel Spaß beim Entdecken und Genießen.

Guten Appetit!

Das „grüne“ Buch

Jeder zweite industriell gefällte Baum wird zu Papier verarbeitet. Die erste Auflage des vorliegenden Kochbuchs umfasste 1000 Exemplare. Auch hierfür mussten ca. 5 Bäume gerodet werden.

Doch wir möchten nicht, dass Bücher „Bäume kosten“, sondern „Bäume bringen.“ Aus diesem Grunde pflanzen wir über die Organisation „Trees for the Future“ für jedes verkaufte Exemplar einen Baum. So können alleine durch den Verkauf der ersten Auflage 1000 neue Bäume gepflanzt werden.

Zusammen Bäume pflanzen

Mit dem Kauf dieses Buches haben Sie uns bereits unterstützt und es ermöglicht, einen Baum zu pflanzen. Für jede Bewertung bei Amazon pflanzen wir noch einen weiteren Baum.

Um so noch einen weiteren Baum zu pflanzen, geben Sie den Titel des Buches einfach bei Amazon ein, gehen Sie auf die Buchseite und klicken auf „Kundenrezension verfassen“. Alternativ können Sie auch diesen QR-Code scannen.

Inhalt

Grundwissen Schaschlik

Fleisch pur

Vegan

Vegetarisch

Fisch & Meeresfrüchte

Süße Spieße

Beilagen & Dips

Grundwissen Schaschlik

Woher kommt das Schaschlik?

Das Schaschlik ist in seinem Ursprung ein kleiner Imbiss, der aus dem asiatischen und südosteuropäischen Raum, wie Russland, dem Kaukasus, Serbien und Ungarn, stammt. An Ständen werden die Spieße als kleine Snacks angeboten. Das Wort „Schaschlik“ bezeichnete eigentlich einen Fleischspieß, der gegrillt oder gebraten verzehrt wird. Mittlerweile hat sich das Wort allerdings für den Spieß an sich durchgesetzt. Unabhängig von den verwendeten Zutaten ist also nur der Grillspieß gemeint, auf dem die Zutaten aufgebracht werden. Die Art der Zubereitung blieb allerdings dieselbe. Auf dem Grill, in der Pfanne oder im Backofen wird das Schaschlik noch immer zubereitet. Meist waren diese Spieße mit Fleisch bestückt. Welches Fleisch verwendet wurde, und auch immer noch verwendet wird, hing dabei von der Region ab. So wurden nicht nur Schweinefleisch und Rindfleisch aufgespießt, sondern auch Hammel, Wild oder Fisch. Nicht selten wurden die Spieße zusätzlich mit verschiedenem Gemüse bestückt und mit Marinaden verfeinert. Nachdem sich das Schaschlik immer weiter in Westeuropa ausgebreitet hat, sind auch immer mehr Rezeptvariationen entstanden. Vom Gemüsespieß bis zum süßen Schaschlik gibt es kaum etwas, was es nicht gibt.

Vorbereitung und Zubereitung

Vorbereitung ist beim Kochen das A und O, genauso auch bei der Zubereitung des Schaschliks. Zuerst einmal sollte man sich Gedanken machen, wie man das Schaschlik zubereiten möchte.

Grillen:
Hier empfiehlt es sich, das Fleisch schon einige Tage im Voraus zu besorgen und möglichst lange zu marinieren. Durch die lange Zeit des Marinierens wird das Fleisch zart und geschmeidig. Binnen kurzer Zeit wird es auf dem Grill gut durch sein und zu einer Delikatesse.
Für den Grill eignen sich fast alle Zutaten, sodass der Fantasie und dem Erfindungsreichtum kaum Grenzen gesetzt sind.

Im Backofen:
Im häuslichen Backofen kann man ganz nach Vorlieben und Bedarf vorbereiten. Auch hier gilt, umso besser das Fleisch mariniert ist, desto zarter wird es. Allerdings kann man das Schaschlik auch im Backofen in einer Soße garen. So erreicht man ebenfalls, dass das Fleisch nicht zu zäh ist. Die Vorbereitung des tagelangen Marinierens würde entfallen, die Zubereitungszeit wäre dafür aber etwas länger.

Pfanne:
Hier bedarf es kaum einer Vorbereitung. Die Pfanne eignet sich bestens, um die Spieße von allen Seiten knusprig zu braten und sie anschließend in der Soße fertig zu garen. Es reicht also vollkommen aus, das Fleisch für nur kurze Zeit in die Marinade einzulegen.

Doch auch die Zutaten sollten gut zusammenpassen. Machen Sie sich im Vorfeld Gedanken über Ihre Vorlieben und Geschmäcker, die gut aufeinander abgestimmt sind. Erstellen Sie sich ihre Einkaufsliste anhand der Rezepte, sodass Sie bei der Zubereitung alles Nötige parat haben.

Hilfsmittel und Materialien

Zuerst ist natürlich die Frage zu klären, wo und wie das Schaschlik zubereitet werden soll. Eine Pfanne hat wohl jeder im Haushalt, doch hier sollten Sie auf die Größe achten. Der Spieß muss auch komplett in die Pfanne passen, sonst ist das Kochvergnügen dahin. Der Backofen hat bestenfalls eine Grillfunktion, mit der Sie dem Schaschlik den letzten Schliff verpassen können. Und der Grill sollte ebenfalls groß genug sein, damit die Spieße auch gleichmäßig gegrillt werden können. Es gibt auch Schaschlik-Grills, über denen man die Spieße gleichmäßig drehen kann. Ein großer Vorteil ist, dass die Spieße gleich mitgeliefert werden. Und hier kommen wir zum nächsten Punkt.

Holz oder Metall?
Wie schon erwähnt, wird einem die Qual der Wahl bei einem Schaschlik-Grill abgenommen. Diese Grills verfügen über passende Metallspieße, die sich wunderbar über der heißen Kohle drehen lassen. Verwendet man auf einem gängigen Grill oder im Backofen Metall, sollte man immer daran denken, sich vor der Hitze zu schützen. Wie schnell hat man sich an dem heißen Metall die Finger verbrannt. Doch auch Holz birgt Gefahren. Natürlich ist Holz schonender zu den Fingern und der Teflon-Beschichtung Ihrer Pfanne, doch schnell kann es passieren, dass das Holz Feuer fängt.
Egal, welches Material Sie verwenden, achten Sie auf die sachgerechte Benutzung und schützen Sie sich.

Kunststoff eignet sich im Übrigen gar nicht für die Zubereitung von Schaschlik. Hier besteht die Gefahr, dass der Kunststoff schmilzt oder dass ungesunde Inhaltsstoffe in die Zutaten ziehen und mit verspeist werden. Lassen Sie davon also lieber die Finger.

Fleisch pur

Limetten-Huhn-Stäbchen

2 Port. 20 Min. Leicht

Zutaten

- 500 g Hähnchenbrustfilet
- 3 Limetten
- 1 Bund Petersilie
- 2 Chilischoten
- 2 Knoblauchzehen

Nährwerte

180 kcal
6 g kh
7 g Fett
23 g Eiweiß

1 Hacken Sie die Chilischoten und den Knoblauch möglichst fein.

2 In einer Schüssel werden nun der Knoblauch und die Chilistücke zusammen mit dem Saft einer Limette und etwas geraspelter Limettenschale zu einer Marinade vermengt. Wer mag, kann dazu fein gehackte Petersilie geben.

3 Schneiden Sie nun das Hähnchenfleisch in etwa 3 cm große Stücke und legen Sie sie für 2-3 Stunden in der Marinade ein.

4 Spießen Sie die Fleischstücke nun auf Holzstäbchen und legen Sie die Spieße auf den Grill.

5 Lassen Sie das Fleisch auf dem heißen Grill von jeder Seite etwa 3-4 Minuten grillen. Bepinseln Sie das Fleisch immer wieder mit etwas Marinade.

Geflügelspieß mit frischem Salat

2 Port. 20 Min. Leicht

Zutaten

350 g Hähnchenbrustfilet oder Putenbrust
½ Eisbergsalat
3-4 Cocktailtomaten
2 EL Kräuterquark
1 Spalte Limette
1 Spalte Zitrone
etwas frischen Dill

Nährwerte

225 kcal
3 g kh
5 g Fett
41 g Eiweiß

1 Das Fleisch wird gründlich gewaschen und anschließend in Würfel geschnitten.

2 Spießen Sie die Würfel auf Holzspieße auf und beträufeln Sie sie mit etwas Limetten- und Zitronensaft.

3 Auf dem heißen Grill werden die Spieße nun so lange gegart, bis sie sich bräunlich färben und das Fleisch schön zart ist.

4 In der Zwischenzeit werden Salat und Tomaten in Streifen oder Viertel geschnitten und auf einem Teller drapiert. Der Quark wird in einem kleinen Schälchen ebenfalls auf den Teller gestellt.

5 Legen Sie die fertigen Spieße auf den Salat und beträufeln Sie alles, auch den Salat, noch einmal mit Limetten- und Zitronensaft.

Schweinebauch

2 Port. 30 Min. Leicht

Zutaten

- ½ kg Schweinebauch
- 50 g frische Petersilie
- 50 g frischer Thymian
- 50 g frisches Basilikum
- 50 g frischer Rosmarin
- 250 g Butter
- 2 EL Knoblauchpulver
- etwas Olivenöl
- Salz
- Pfeffer

Nährwerte

697 kcal
14 g kh
45 g Fett
54 g Eiweiß

1 Die Kräuter werden in einer Küchenmaschine fein gehackt und mit Butter, Salz und Olivenöl zu einer Paste verarbeitet.

2 Heizen Sie den Backofen auf 200 °C vor.

3 Währenddessen wird der Schweinebauch in grobe Stücke geschnitten und mit der Kräuterpaste bestrichen.

4 Nun die Schweinebauchstücke auf Holzspieße stecken und in einer Auflaufform im Ofen für etwa 10 Minuten backen.

5 Für die Kruste wird der Ofen in den letzten fünf Minuten auf Grill gestellt, so bildet sich eine leckere Kräuterkruste.

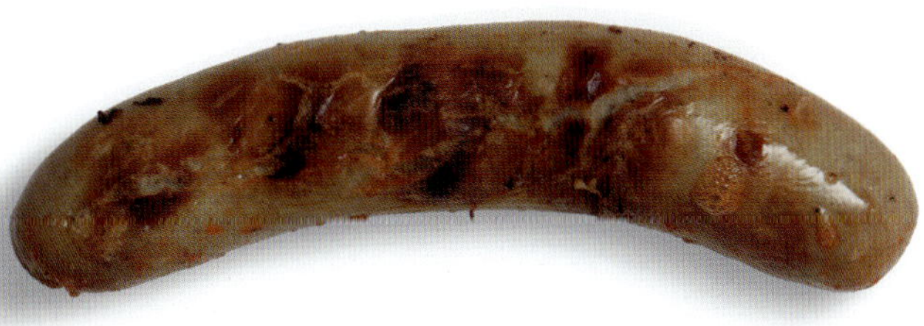

Nürnberger-Würstchen-Spieß

2 Port. 20 Min. Leicht

Zutaten

3 große Zwiebeln
etwas Salz
etwas Pfeffer
½ kg Nürnberger Würstchen

Nährwerte

835 kcal
19 g kh
66 g Fett
35 g Eiweiß

1 Die Zwiebeln werden geschält und in Spalten geschnitten.

2 Die Würstchen schneiden Sie in mundgerechte Stücke und würzen Sie etwas mit Salz und Pfeffer.

3 Spießen Sie die Würstchen abwechselnd mit den Zwiebeln auf Holzstäbe.

4 Auf dem Grill werden die Spieße so lange gebraten, bis die Würstchen leicht gebräunt und gar sind.

Schweinespieß mit Pilzen

2 Port. 35 Min. Leicht

Zutaten

- 500 g Schweineschnitzel, mager
- 1 kl. Zucchini
- 1 Packung Partytomaten
- 1 rote Paprika
- 1 gelbe Paprika
- 200 g Champignons, frisch

Nährwerte

370 kcal
14 g kh
6 g Fett
61 g Eiweiß

1 Heizen Sie den Backofen auf 200 °C vor.

2 Schneiden Sie das Fleisch in etwa 3 cm große Stücke. Die Paprika werden von den Kernen befreit und in ebenso große Scheiben geschnitten. Pilze und Tomaten gründlich waschen. Die Zucchini wird in dünne Scheiben geschnitten.

3 Stecken Sie nun abwechselnd die Zutaten auf Spieße. Da Pilze und Zucchini sehr weich werden, sollten Sie zwischen diesen Zutaten Paprikastücke aufspießen.

4 Legen Sie nun die fertigen Spieße auf den Rost im Backofen. Stellen Sie eine Auflaufform unter die Spieße, so verhindern Sie, dass Bratensaft auf die Backofenoberfläche tropft.

5 Lassen Sie das Schaschlik für etwa 15 Minuten im Backofen. Sollte Ihnen das Fleisch nicht kross genug sein, stellen Sie nach den 15 Minuten den Backofengrill an.

Minispieße mit Schweinefleisch

2 Port. 25 Min. Leicht

Zutaten

- 300 g Schweinefilet
- 1 rote Zwiebel
- 1 weiße Zwiebel
- 4 Knoblauchzehen
- etwas Olivenöl
- Salz
- Pfeffer
- frische Petersilie

Nährwerte

254 kcal
16 g kh
3 g Fett
37 g Eiweiß

1 In einer Schüssel werden Olivenöl, Salz und Pfeffer miteinander vermengt. Die Petersilie wird fein gehackt, der Knoblauch wird durch eine Presse gedrückt. Beides wird zu der Marinade gegeben.

2 Schneiden Sie das Fleisch in etwa 3 cm große Würfel und legen Sie diese dann in der Marinade ein.

3 Achten Sie darauf, dass das Fleisch gut bedeckt ist. So sollte es mindestens eine Stunde ziehen.

4 Schneiden Sie die Zwiebeln in dicke Ringe. Nun werden auf kleine Spieße je drei Würfel Fleisch, ein Ring der roten und ein Ring der weißen Zwiebel abwechselnd aufgespießt.

5 In einer Pfanne mit heißem Öl werden die Spieße nun rundherum knusprig gebraten. Zum Servieren wird die restliche Marinade über den Spießen verteilt.

Birne mit Leber

2 Port. 20 Min. Leicht

Zutaten

300 g Hühnerleber
2 Zwiebeln
3 Birnen
etwas Balsamicoessig
Salz
Pfeffer

Nährwerte

363 kcal
34 g kh
6 g Fett
34 g Eiweiß

1 Die Hühnerleber gründlich waschen und abtropfen lassen. Zu große Stücke werden halbiert.

2 Die Zwiebeln werden in Spalten geschnitten, die Birnen in etwa 2 cm große Würfel.

3 Würzen Sie die Zutaten mit Balsamicoessig, Salz und Pfeffer. Das geht am besten in einer Schüssel, in der alle Zutaten miteinander vermengt werden.

4 Spießen Sie nun die Zutaten abwechselnd auf Spieße auf.

5 Auf dem heißen Grill sind die Schaschlikspieße binnen weniger Minuten verzehrfertig gebraten.

Lamm-Schaschlik

4 Port. 40 Min. Leicht

Zutaten

- 400 g Cranberrys
- 400 g Lammfilet
- 1 Zwiebel
- 1 Orange
- 3 EL Butter
- 80 g Zucker
- etwas Zimt
- etwas Portwein

Nährwerte

614 kcal
102 g kh
11 g Fett
22 g Eiweiß

1 In einer Schüssel wird aus der abgeriebenen Orangenhaut, den Cranberrys und dem Wein eine Marinade angesetzt. Die Zwiebeln werden fein gehackt und die Butter wird in der Mikrowelle zerlassen. Beides wird zu der Marinade gegeben.

2 Mit Zimt und Zucker wird die Marinade zusätzlich gewürzt. Vermengen Sie alles gründlich miteinander, bis sich der Zucker gelöst hat.

3 Das Lammfilet wird in mundgerechte Würfel geschnitten und mit der Marinade vermengt.

4 Nach etwa 20 Minuten Ziehzeit werden die Stücke auf Holzstäbchen aufgespießt. Während der Ziehzeit wird der Backofen auf 200 °C vorgeheizt.

5 Nun die Spieße im Backofen auf Backpapier auslegen und für etwa 5-10 Minuten grillen.

Hackfleisch türkisch

2 Port. 35 Min. Mittel

Zutaten

- 400 g Rinderhack
- 1 Ei
- 1 Zwiebel
- frischer Oregano
- 2 EL Tomatenmark
- Paprikapulver
- Salz
- Pfeffer
- frische Petersilie

Nährwerte

587 kcal
8 g kh
42 g Fett
42 g Eiweiß

1 Schneiden Sie die Zwiebel in möglichst feine Würfel. Oregano und Petersilie werden fein gehackt.

2 Vermengen Sie nun in einer Schüssel das Rinderhack mit dem Ei, den frischen Kräutern und der Zwiebel zu einem glatten Teig. Würzen Sie das Ganze mit Tomatenmark, Salz, Pfeffer und Paprikapulver.

3 Nun wird die Masse um je einen Holzspieß gelegt und gut angedrückt.

4 Lassen Sie die Spieße nun auf dem Grill solange garen, bis das Hack eine schöne Bräunung bekommt.

5 Alternativ können Sie diese Spieße auch in einer Pfanne scharf anbraten und für etwa 15 Minuten durchgaren lassen. Der dabei entstehende Bratensaft kann anschließend mit etwas Wasser und Speisestärke zu einer Soße gebunden werden.

Fleisch pur

2 Port. 25 Min. Leicht

Zutaten

je ¼ kg verschiedene Fleischsorten:

- Hähnchenbrust
- Rindfleisch
- Schweinefleisch

für die Marinade:

- 2 Zwiebeln
- 3 EL Sojasoße
- 2 EL Honig
- 2 EL Olivenöl

Nährwerte

609 kcal
20 g kh
20 g Fett
84 g Eiweiß

1 Hacken Sie die Zwiebeln sehr fein und geben Sie diese zusammen mit den anderen Zutaten in eine Schüssel, um daraus eine Marinade anzurühren.

2 Das gesamte Fleisch wird in etwa 3 cm große Stücke zerteilt und mit der Marinade vermengt.

3 Lassen Sie das Fleisch nun abgedeckt über Nacht im Kühlschrank ziehen.

4 Am nächsten Tag werden Spieße mit dem Fleisch bestückt und auf dem heißen Grill knusprig kross gebraten.

5 Während des Grillens die Spieße mit der übrigen Marinade bepinseln.

Das Original

1 Port. 25 Min. Leicht

Zutaten

500 g Lammfilet

<u>für die Marinade:</u>

200 ml Wasser

2 EL Paprikapulver, rosenscharf

4 Lorbeerblätter

2 Zwiebeln

1 EL Salz

1 EL Pfeffer

1 EL Öl

Nährwerte

758 kcal
5 g kh
35 g Fett
100 g Eiweiß

1 Stellen Sie aus fein gehackten Zwiebeln und den restlichen Zutaten eine Marinade her.

2 Das Lammfilet wird in Würfel geschnitten und auf dicke Holzspieße gesteckt.

3 Nun werden die Spieße in der Marinade eingelegt und für 1-2 Tage darin belassen.

4 Die Spieße saugen sich teils mit der Marinade voll und geben beim Grillen etwas Flüssigkeit ab, sodass das Fleisch schön saftig bleibt.

5 Auf dem heißen Grill werden die Spieße nun so lange gegrillt, bis sich eine schöne braune Kruste bildet und das Fleisch gar ist.

Rosmarin-Huhn

2 Port. 45 Min. Mittel

Zutaten

2 Hähnchenbrustfilets
1 Bund frischer Rosmarin
1 Zwiebel
1 Paprika
200 ml Sahne

Nährwerte

490 kcal
11 g kh
24 g Fett
54 g Eiweiß

1 Zupfen Sie die Nadeln des Rosmarins ab und hacken Sie diese grob. Geben Sie in einer Schüssel 200 ml Sahne zu dem Rosmarin.

2 Die Hähnchenbrustfilets in mundgerechte Stücke schneiden. Die Fleischstücke werden über Nacht in der Rosmarin-Sahne eingelegt. Stellen Sie die Schüssel dafür abgedeckt in den Kühlschrank.

3 Am nächsten Tag werden Paprika und Zwiebel grob geschnitten.

4 Spießen Sie nun abwechselnd Hähnchenfleisch, Paprika und Zwiebel auf je einen Holzspieß.

5 Auf dem Grill wird das Fleisch knusprig gebraten. Beträufeln Sie die Spieße ab und zu mit der Sahnemischung.

Schaschlik Hawaii

2 Port. 35 Min. Leicht

Zutaten

- 400 g Zwiebelspalten
- ½ kg Fleisch nach Wahl
- 200 g Ananas
- 2 Limetten
- 2 Knoblauchzehen
- Kurkuma
- Paprikapulver
- Salz
- Pfeffer

Nährwerte

732 kcal
21 g kh
38 g Fett
70 g Eiweiß

1 Das Fleisch wird in mundgerechte Würfel geschnitten, die Ananas wird geschält und ebenfalls gewürfelt. Hacken Sie den Knoblauch fein.

2 Geben Sie nun das Fleisch, die Ananas und die Zwiebelspalten in eine große Schüssel.

3 Pressen Sie die Limetten aus und geben Sie die restlichen Zutaten hinzu. Nun wird das Ganze gut vermengt und für 15 Minuten ruhen gelassen.

4 Nun die Zutaten auf Holzspieße aufteilen und noch einmal mit etwas Marinade bestreichen.

5 Auf dem Grill sind die Spieße in etwa 10-15 Minuten verzehrfertig gebraten.

Datteln im Speckmantel

4 Port. 15 Min. Leicht

Zutaten

400 g Schinkenspeck
½ kg Datteln
1 Handvoll frischer Rosmarin
1 EL frischer Salbei
etwas Olivenöl

Nährwerte

746 kcal
83 g kh
35 g Fett
21 g Eiweiß

1 Rollen Sie die Datteln zusammen mit etwas Salbei und Rosmarin jeweils in eine Scheibe Schinkenspeck ein.

2 Auf Holzstäbchen werden jeweils 3-4 Datteln aufgespießt und mit etwas Öl bestrichen.

3 In einer Pfanne mit heißem Öl werden die Spieße nun gebraten, bis der Speck schön knusprig ist.

4 Die Spieße eignen sich auch als Nachtisch, da die Datteln über sehr viel Süße verfügen.

Schweinefleisch-Mais

2 Port. 45 Min. Leicht

Zutaten

- 400 g Schweinefleisch
- 2 rote Paprika
- 2 Maiskolben
- Paprikapulver
- Chilipulver
- Olivenöl
- Salz
- Pfeffer
- Knoblauch
- 1 Bund Petersilie
- 1 rote Zwiebel

Nährwerte

678 kcal
32 g kh
33 g Fett
61 g Eiweiß

1 Zuerst werden die Zwiebel und der Knoblauch fein gehackt. ¾ der Petersilie wird ebenfalls gehackt.

2 Rühren Sie aus der Zwiebel, dem Knoblauch, 4-5 EL Olivenöl und etwas Wasser eine Marinade an. Würzen Sie diese kräftig mit Salz, Pfeffer, Paprikapulver und Chilipulver. Geben Sie dazu noch den Teil gehackte Petersilie.

3 Das Schweinefleisch wird in etwa 3 cm große Würfel zerteilt und mit der Marinade vermengt. Stellen Sie das Fleisch abgedeckt in den Kühlschrank und lassen Sie es für mindestens eine Nacht ziehen.

4 Schneiden Sie die Paprika in 3 cm große Rechtecke und zerteilen Sie den Mais in Scheiben.

5 Nun werden abwechselnd Mais, Paprika und Fleisch auf die Spieße gesteckt.

6 Im Backofen bei 180 Grad und Grillfunktion, oder direkt auf dem Grill, werden die Spieße solange gegart, bis der Mais weich und das Fleisch gut gebräunt ist. Bepinseln Sie die Spieße ab und zu mit der restlichen Marinade. Die übrige Petersilie eignet sich hervorragend zum Garnieren.

Allerlei Fleisch

2 Port. 35 Min. Leicht

Zutaten

150 g Hähnchenbrustfilet
150 g Schweinefleisch
50 g Schinkenspeck
1 kleine Zucchini
1 rote Paprika
1 rote Zwiebel
1 Fleischtomate
Grillkäse, nach Bedarf
Olivenöl
Pfeffer
Salz
Rosmarin

Nährwerte

349 kcal
13 g kh
13 g Fett
43 g Eiweiß

1 Zuerst wird das gesamte Fleisch in mundgerechte Würfel geschnitten und in etwas Öl gewälzt.

2 Schneiden Sie nun die Zwiebeln in großzügige Spalten, Paprika und Zucchini werden in Scheiben geschnitten. Die Fleischtomate wird ebenfalls in Spalten geschnitten.

3 Spießen Sie nun auf einen Metallspieß nacheinander die verschiedenen Zutaten. Der Schinkenspeck hält besser, wenn er zuvor gerollt wird.

4 Legen Sie die Spieße auf den heißen Grill und garen Sie sie so lange von allen Seiten, bis die Zutaten eine schöne Bräunung annehmen und das Fleisch durchgegart ist. In dem restlichen Olivenöl werden Salz, Pfeffer und Rosmarin vermengt.

5 Während des Garens streichen Sie immer wieder etwas von dem gewürzten Olivenöl auf die Spieße.

Knoblauch-Rind-Schaschlik

2 Port. 35 Min. Leicht

Zutaten

- 4 Knoblauchzehen
- 400 g Rindfleisch
- 2 EL Rosmarin
- 2 EL Thymian
- Pfeffer
- Salz
- Olivenöl
- 1 kleines Stück Speck

Nährwerte

312 kcal
4 g kh
13 g Fett
43 g Eiweiß

1 Der Backofen wird auf 200 °C vorgeheizt. Ein Rost wird mit etwas Speck eingerieben.

2 Der Knoblauch wird geschält und anschließend durch eine Presse gedrückt. Das Rindfleisch gründlich waschen und anschließend in grobe Würfel schneiden.

3 In einer großen Schüssel werden nun Salz, Pfeffer, Rosmarin, Thymian und Knoblauch mit dem Öl vermengt, anschließend wird das Rindfleisch darin gewälzt. Massieren Sie das Öl gut in das Fleisch ein.

4 Nun spießen Sie das Fleisch auf Holzstäbchen. Bestreichen Sie die Spieße noch mit dem restlichen Öl und legen Sie diese dann auf den Rost im Backofen.

5 Bereits nach 5-10 Minuten sind die Spieße verzehrfertig. Stellen Sie eine Auflaufform auf den Boden des Ofens, um abtropfenden Bratensaft aufzufangen.

Schaschlik überbacken

3 Port. 55 Min. Leicht

Zutaten

½ kg Fleisch nach Wahl
200 ml Sahne
1 Zwiebel
150 g Pilze, Champignons, Pfifferlinge
150 g geriebener Käse
Salz
Pfeffer
1 Tasse getrocknete Petersilie

Nährwerte

515 kcal
8 g kh
29 g Fett
53 g Eiweiß

1 Heizen Sie den Backofen auf 200 °C vor und stellen Sie eine ausreichend große Auflaufform bereit.

2 Das Fleisch wird in Stücke geschnitten und die Zwiebel wird in Spalten geteilt.

3 In einem Topf werden die Pilze in etwas heißem Öl scharf angebraten und mit Salz, Pfeffer und Petersilie gewürzt. Geben Sie nun die Sahne hinzu und rühren Sie alles gut durch.

4 Spießen Sie abwechselnd Fleisch und Zwiebel auf ein Holzspieß und legen Sie die Spieße in die Auflaufform.

5 Nun wird die Sahnesoße über die Spieße gegossen und mit dem Käse bestreut. Im Ofen sind die Spieße nach 25-30 Minuten gar und können heiß serviert werden.

Frikadellenspieß

3 Port. 45 Min. Mittel

Zutaten

500 g gemischtes Hack-fleisch
2 Zwiebeln
1 Ei
1 Tomate
etwas Semmelbrösel
Salz
Pfeffer
½ TL Maggi-Würze

Nährwerte

414 kcal
9 g kh
27 g Fett
30 g Eiweiß

1 Hacken Sie eine der Zwiebeln möglichst fein und geben Sie diese in eine Schüssel. Hinzu kommen das Ei, das Hackfleisch, etwas Salz und Pfeffer und die Maggi-Würze. Kneten Sie den Teig so lange, bis er durch das Ei gut gebunden ist.

2 Nun werden aus der Masse kleine Klößchen geformt und in den Semmelbröseln gewälzt.

3 Braten Sie die Klößchen in einer Pfanne mit heißem Öl von allen Seiten scharf an.

4 Regeln Sie nun die Temperatur herunter und lassen Sie die Klößchen noch etwa 10 Minuten durchgaren. In der Zwischenzeit werden die Tomate und die zweite Zwiebel in dünne Scheiben geschnitten

5 Auf einen Holzspieß werden nun abwechselnd die noch heißen Klößchen mit roher Tomate und Zwiebel gesteckt und serviert.

Wurst-Schaschlik

5 Port. 30 Min. Leicht

Zutaten

- 2 Bratwürste
- 2 Bockwürste
- 2 Knacker
- 2 Zwiebeln
- 200 g Champignons
- etwas Öl
- Salz
- Pfeffer

Nährwerte

583 kcal
4 g kh
49 g Fett
26 g Eiweiß

1 Schneiden Sie die Würste in etwa 2-3 cm dicke Scheiben. Die Champignons sollten etwa genauso groß sein, größere Pilze werden halbiert oder geviertelt. Die Zwiebeln werden in Spalten geteilt.

2 In einer Schüssel werden nun alle Zutaten miteinander vermengt und für etwa 10 Minuten zum Durchziehen in den Kühlschrank gestellt.

3 Spießen Sie nun abwechselnd die Zutaten auf Holzspieße und pinseln Sie das restliche Öl darauf.

4 Auf dem heißen Grill werden die Spieße nun für etwa 5 Minuten scharf angebraten.

Herzhaft Süßes Schaschlik

4 Port. 35 Min. Leicht

Zutaten

2 Packungen Frühstücks-bacon, etwa 16 Scheiben
2 Birnen
2 Äpfel
2 Naschi-Birnen
2 Nektarinen
1 TL Rosmarin, getrocknet
1 TL Thymian, getrocknet
1 TL Salbei, getrocknet

Nährwerte

497 kcal
24 g kh
35 g Fett
19 g Eiweiß

1 Das Obst wird je vom Kerngehäuse oder vom Stein befreit und anschließend in mundgerechte Stücke geschnitten. Die Baconscheiben werden je in 3 Stücke geschnitten.

2 Auf einem Teller werden die Kräuter miteinander vermischt. Wälzen Sie nun den Bacon darin. Den gewürzten Bacon legen Sie um ein Stück Obst und spießen dieses auf einen Schaschlikspieß. Dies wiederholen Sie, bis alle Zutaten aufgebraucht sind. Sollte noch etwas Obst übrig sein, können Sie dieses auch ohne den Baconmantel aufspießen.

3 Nun werden die Spieße auf dem heißen Grill solange gebraten, bis der Bacon knusprig ist.

4 Öl brauchen Sie für diese Spieße nicht, da der Bacon genug Fett absondert.

Marokkanische Hühnerspieße

2 Port. 40 Min. Leicht

Zutaten

- 600 g Hähnchenfleisch
- 100 g Joghurt
- 2 Knoblauchzehen
- ein 2 cm großes Stück Ingwer
- 1 EL Paprikapulver
- 1 EL Kurkuma
- etwas gehackter Koriander
- etwas Cayennepfeffer
- 1 TL Kreuzkümmel
- etwas Salz

Nährwerte

378 kcal
9 g kh
7 g Fett
66 g Eiweiß

1 Während Sie den Backofen auf 200 °C vorheizen, wird das Hähnchenfleisch in mundgerechte Stücke geschnitten

2 Ingwer und Knoblauch werden in den Joghurt gerieben und zusammen mit den Gewürzen darin vermengt.

3 Geben Sie nun das Fleisch zum Joghurt und lassen Sie es für 5-10 Minuten ziehen.

4 Spießen Sie das Fleisch nun auf Holzspieße auf. In einer Auflaufform wird der restliche Joghurt verteilt. Die Spieße werden dort hineingelegt.

5 Nun werden die Spieße für etwa 20 Minuten im Ofen gegart. Stellen Sie nun für weitere 3-5 Minuten den Ofen auf Grill, sodass das Fleisch schön kross wird.

Vegan

Seitan in Ingwer

3 Port. 25 Min. Leicht

Zutaten

1 daumengroßes Stück Ingwer	
2 Knoblauchzehen	
400 g Seitan	
Olivenöl	
Salz	
Pfeffer	

Nährwerte

496 kcal
20 g kh
3 g Fett
95 g Eiweiß

1 Der Seitan wird in mundgerechte Würfel geschnitten. Ingwer und Knoblauch werden fein gehackt oder geraspelt.

2 Ingwer und Knoblauch mit etwas Olivenöl vermengen und mit Salz und Pfeffer würzen.

3 Die Seitanwürfel in dem Öl wälzen, bis sie vollständig benetzt sind.

4 Spießen Sie nun die Würfel auf Holzspieße und pinseln Sie das restliche Öl darauf.

5 Auf dem Grill werden die Spieße nun für etwa 10 Minuten gegrillt und zwischendurch immer wieder mit etwas Öl bestrichen

Pilze und Zwiebeln

2 Port. 35 Min. Leicht

Zutaten

400 g kleine Champignons
2 Knoblauchzehen
2 rote Zwiebeln
etwas Öl
etwas Salz

Nährwerte

107 kcal
35 g kh
1 g Fett
9 g Eiweiß

1 Die Pilze werden gründlich geputzt und gegebenenfalls von der Haut befreit.

2 Der Knoblauch wird durch eine Presse in eine kleine Schüssel mit Öl gedrückt und die Zwiebeln werden in Spalten geteilt.

3 Abwechselnd werden Zwiebeln und Pilze auf den Schaschlikspieß geschoben.

4 Bestreichen Sie die Spieße mit dem Knoblauchöl und geben Sie etwas Salz darüber.

5 Nach etwa 10 Minuten auf dem heißen Grill sind die Spieße servierfertig.

Aubergine-Erdnussspieß

4 Port. 40 Min. Leicht

Zutaten

250 g Erdnussbutter
3 Auberginen
1 Zitrone
ein Spritzer Sojasoße
1 Knoblauchzehe
etwas Öl

Nährwerte

446 kcal
13 g kh
34 g Fett
18 g Eiweiß

1 Die Auberginen werden in Scheiben geschnitten. Die Knoblauchzehe wird fein gehackt. Heizen Sie den Backofen auf 200 °C vor.

2 In einer kleinen Schüssel wird die Erdnussbutter mit Sojasoße, Knoblauch, etwas Öl und dem Saft der Zitrone vermengt.

3 Spießen Sie die Auberginen nun auf Holzstäbchen und bestreichen Sie sie mit der Erdnussbutter.

4 Legen Sie die Spieße nun in eine Auflaufform und geben Sie die restliche Erdnussbutter hinzu.

5 Im Ofen sind die Spieße nach etwa 20 Minuten verzehrfertig.

Süßkartoffelspieße

3 Port. 40 Min. Leicht

Zutaten

3 große Süßkartoffeln
1 TL Kreuzkümmel
Salz
Pfeffer
etwas Öl

Nährwerte

129 kcal
28 g kh
1 g Fett
2 g Eiweiß

1 Die Süßkartoffeln werden in mundgerechte Würfel geschnitten.

2 Nun werden die Würfel in einer Schüssel mit Olivenöl, Kreuzkümmel, Salz und Pfeffer eingerieben.

3 Auf Spieße gesteckt werden die Kartoffelwürfel nun auf dem Grill gebraten.

4 Nach etwa 20 Minuten unter wiederkehrendem Wenden sind die Spieße servierfertig.

Buntes Gemüse

3 Port. 35 Min. Leicht

Zutaten

- 2-3 verschiedenfarbige Paprika
- 1 rote Zwiebel
- 200 g Champignons
- 1 kleine Zucchini
- 8 Cocktailtomaten
- 1 Handvoll frischer Koriander
- 1 Handvoll frische Petersilie
- 1 Limette
- 15 g geröstete Pistazien ohne Schale
- Olivenöl

Nährwerte

131 kcal
16 g kh
3 g Fett
7 g Eiweiß

1 Der Backofen wird auf 200 °C vorgeheizt.

2 Währenddessen werden Zwiebel, Paprika und Zucchini in dicke Streifen geschnitten.

3 In einem Mixer werden Petersilie, Koriander und Pistazien mit etwas Olivenöl und dem Saft der Limette gemixt.

4 Spießen Sie nun abwechselnd das unterschiedliche Gemüse auf die Spieße und bestreichen Sie diese mit dem Kräuteröl.

5 In einer Auflaufform werden die Spieße nun für etwa 15 Minuten gebacken. Drehen Sie die Spieße alle paar Minuten um und bestreichen Sie sie ab und zu mit dem Öl.

Tofu mit bunter Paprika

2 Port. 25 Min. Leicht

Zutaten

- 400 g Tofu
- 2 grüne Spitzpaprika
- 2 rote Spitzpaprika
- einige Spritzer Balsamicoessig
- Chilipulver

Nährwerte

273 kcal
21 g kh
11 g Fett
20 g Eiweiß

1 In einer kleinen Schale werden einige Spritzer Balsamicoessig mit Chilipulver vermengt. Je nachdem, wie scharf Sie es mögen, geben Sie etwas mehr oder weniger Chilipulver hinzu.

2 Schneiden Sie den Tofu in Würfel und die Paprika in Ringe. Bei Bedarf kann das Kerngehäuse entfernt werden.

3 Nun werden Tofu und Paprika im Wechsel aufgespießt und mit einigen Spritzern Balsamico-Chili-Mischung beträufelt.

4 In der heißen Pfanne sind die Spieße binnen weniger Minuten verzehrfertig.

5 Wenn Sie die Spieße auf dem Grill zubereiten möchten, dann rühren Sie unter den Balsamicoessig noch ein paar Spritzer Öl.

Chili-Brokkoli-Spieß

2 Port. 25 Min. Leicht

Zutaten

3 Chilischoten	
300 g Brokkoli	
1 Paprika	
2 Knoblauchzehen	
Salz	
Olivenöl	

Nährwerte

129 kcal
12 g kh
6 g Fett
7 g Eiweiß

1 Der Brokkoli wird in kleine Röschen geteilt, sodass diese gut aufzuspießen sind. Knoblauch und Chili werden sehr fein gehackt oder mit dem Mixer zu einer Masse vermengt. Die Paprika wird in etwa 2 cm große Stücke geschnitten.

2 Durchmengen Sie nun alle Zutaten mit etwas Salz und Öl in einer Schüssel.

3 Nun werden abwechselnd Brokkoli und Paprika auf Spieße gesteckt und anschließend mit dem restlichen Öl noch einmal bepinselt.

4 Auf dem heißen Grill werden die Spieße so lange gebraten, bis der Brokkoli bissfest ist.

5 Alternativ kann statt Brokkoli auch Blumenkohl genommen werden.

Sojaknödel

4 Port. 45 Min. Leicht

Zutaten

- 500 ml Soja, entspricht etwa zwei Tassen voll
- 1 TL Paprikapulver
- 1 TL Kurkuma
- 1 Zwiebel
- 2 Knoblauchzehen
- 1 TL getrockneter Koriander
- etwas Muskat
- 2 EL Stärkemehl

Nährwerte

479 kcal
5 g kh
26 g Fett
54 g Eiweiß

1 Das Soja wird in ausreichend Wasser eingelegt, bis es aufgequollen ist.

2 In einem Mixer werden Knoblauch, Zwiebel und die Gewürze zu einer Gewürzpaste vermengt. Geben Sie nun das Stärkemehl hinzu.

3 Verkneten Sie das aufgequollene Soja mit der Gewürzmasse, bis ein glatter Kloßteig entsteht.

4 Aus diesem Teig formen Sie nun kleine Knödel. Spießen Sie etwa 3-4 Knödel auf einen Holzspieß auf.

5 Auf dem Grill benötigen die Spieße etwa 5-10 Minuten. Wenden Sie sie immer wieder, bis sich eine Braunfärbung einstellt.

Gegrillter Mais

4 Port. 60 Min. Mittel

Zutaten

4 Maiskolben	
150 g Butter	
2-3 TL Honig	
1 Prise Salz	

Nährwerte

385 kcal
18 g kh
32 g Fett
3 g Eiweiß

1 Die Maiskolben werden in Wasser mit einer Prise Salz gekocht. Nach etwa 20 Minuten nehmen Sie die Maiskolben heraus und lassen Sie abtropfen.

2 In einer kleinen Pfanne zerlassen Sie die Butter und geben dann den Honig und etwas Salz hinzu. Achten Sie darauf, dass das Gemisch nicht karamellisiert, also braun wird.

3 Stecken Sie nun die Maiskolben als Ganzes oder wahlweise in Scheiben geschnitten auf die Spieße und pinseln Sie sie mit der Butter ein.

4 Auf dem heißen Grill sind die Kolben so binnen weniger Minuten gar. Bestreichen Sie die Kolben während des Grillens immer wieder mit etwas Butter.

Falafel am Spieß

2 Port. 35 Min. Leicht

Zutaten

- 1 Stange Lauch
- 2 Knoblauchzehen
- ¼ kg Kichererbsen
- 1 Handvoll frische Minze
- 1 Handvoll frische Petersilie
- 2 TL Kurkuma
- 2 TL Kardamom
- Salz
- Pfeffer

Nährwerte

1584 kcal
20 g kh
30 g Fett
5 g Eiweiß

1 Minze und Petersilie werden sehr fein gehackt und bereitgestellt.

2 In einer Küchenmaschine werden nun alle anderen Zutaten zu einer Masse vermengt.

3 Die Kräuter bitte nicht in die Küchenmaschine geben, sondern vorsichtig per Hand einarbeiten.

4 Aus der entstandenen Masse formen Sie nun kleine Klößchen, die auf Holzspieße gesteckt werden.

5 Auf dem Grill werden die Spieße für etwa 5 Minuten gegrillt. Alternativ könne Sie die Spieße auch in einer Pfanne mit heißem Fett scharf anbraten.

Würzige Tofuspieße

4 Port. 20 Min. Leicht

Zutaten

400 g Tofu

für die Marinade:

100 g brauner Zucker
100 ml Apfelessig
200 ml Ketchup
2 EL Honig
1 Spritzer Zitronensaft
Tabasco

Nährwerte

250 kcal
41 g kh
5 g Fett
9 g Eiweiß

1 Der Tofu wird in 2-3 cm große Würfel geschnitten.

2 Aus den übrigen genannten Zutaten wird in einer großen Schüssel eine Marinade angerührt.

3 Die Tofuwürfel mit der Marinade vermengen und für mindestens 30 Minuten ziehen lassen.

4 Spießen Sie die Tofuwürfel auf Holzstäbe und grillen Sie sie für etwa 5 Minuten auf dem heißen Grill, bis sie sich braun färben.

5 Der Tofu kann übrigens auch länger mariniert werden. Lassen Sie ihn ruhig auch über Nacht in der Marinade, so ist er würziger.

Feurige Tomaten

2 Port. 35 Min. Leicht

Zutaten

- 300 g Cocktailtomaten, gelbe und rote
- 1 TL Chilipulver
- 1 TL gemahlener Pfeffer
- 1 TL Cayennepfeffer
- etwas Knoblauchpulver
- 1 TL Currypulver
- 1 rote Zwiebel
- Olivenöl

Nährwerte

61 kcal
10 g kh
1 g Fett
3 g Eiweiß

1 Spießen Sie die Tomaten auf Holzspieße auf. Stechen Sie die aufgespießten Tomaten an einigen Stellen mit einer Rouladen-Nadel ein.

2 In einer Auflaufform werden nun die Spieße nebeneinandergelegt. Achten Sie darauf, dass die Spieße komplett hineinpassen.

3 Mischen Sie nun aus den Gewürzen und dem gepressten Knoblauch zusammen mit ausreichend Olivenöl eine Marinade an.

4 Die Marinade wird nun über die Tomaten gegeben. Diese sollten ausreichend in der Marinade liegen.

5 Lassen Sie die Spieße über Nacht durchziehen. Es kann sein, dass die Tomaten dadurch etwas entwässern.

6 Am nächsten Tag können Sie die Spieße auf dem Grill oder im Backofen bei 200 °C garen. Nach wenigen Minuten sind die Spieße verzehrfertig.

Kartoffeln und Pilze

2 Port. 40 Min. Leicht

Zutaten

200 g kleine Kartoffeln, festkochend
100 g Champignons
frische Kräuter, Petersilie, Oregano, Basilikum
2 Knoblauchzehen
Öl
1 Zwiebel
Salz
Pfeffer

Nährwerte

242 kcal
21 g kh
15 g Fett
3 g Eiweiß

1 Kartoffeln unter fließendem Wasser abbürsten und 15 Minuten kochen. Anschließend mit kaltem Wasser abschrecken und halbieren.

2 Schneiden Sie die Champignons nach dem Putzen in etwas dickere Scheiben. Die Zwiebeln werden in Spalten geschnitten.

3 Hacken Sie die frischen Kräuter und den Knoblauch und vermengen Sie diese mit etwas Öl.

4 Spießen Sie nun abwechselnd Champignons, Kartoffeln, und Zwiebeln auf Schaschlikspieße auf.

5 Auf dem heißen Grill werden diese nun von beiden Seiten geröstet und zwischendurch immer wieder mit dem Kräuteröl beträufelt.

6 Alternativ können Sie die Spieße auch in der Pfanne zubereiten. Aus dem Bratensud und dem restlichen Öl können Sie so eine leckere Soße zaubern.

Tomate-Mango

2 Port. 25 Min. Leicht

Zutaten

1 Mango, noch fest	
12 Cocktailtomaten	
1 TL Rauchsalz	
2 TL Apfelessig	
1 EL Teriyaki-Soße	

Nährwerte

73 kcal
15 g kh
1 g Fett
1 g Eiweiß

1 Am Vorabend wird die Mango in 12 möglichst gleichgroße Würfel geschnitten.

2 In einer Schüssel werden die Mangostücke nun mit Rauchsalz, Essig und Teriyaki-Soße vermengt und über Nacht im Kühlschrank aufbewahrt.

3 Am nächsten Tag werden abwechselnd Mango und Tomate auf Holzstäbe gespießt.

4 Grillen Sie die Spieße auf dem heißen Grill für etwa 5 Minuten.

5 Bestreichen Sie die Spieße mit etwas übrig gebliebener Marinade.

Knusper-Knoblauch

4 Port. 15 Min. Leicht

Zutaten

1 Baguette, etwa 400 g
1 Knolle Knoblauch
Olivenöl

Nährwerte

315 kcal
57 g kh
4 g Fett
9 g Eiweiß

1 Drei der Knoblauchzehen werden fein gehackt und mit Olivenöl vermengt.

2 Das Baguette wird in Scheiben geschnitten Achten Sie darauf, dass die Scheiben etwa 2 cm breit sind, sodass sie auf den Spießen gut halten.

3 Der restliche Knoblauch wird geschält.

4 Nun abwechselnd Knoblauch und Brot auf die Spieße stecken und mit etwas Knoblauchöl bestreichen.

5 Auf dem Grill werden die Spieße schön knusprig. Wer es schärfer mag, kann noch etwas Chili hinzufügen.

Tofu Gemüse

2 Port. 30 Min. Leicht

Zutaten

- 300 g Räuchertofu
- 1 kleine Brokkoli
- 100 g Champignons
- 100 g Cocktailtomaten
- 2 Paprika
- 1 rote Zwiebel
- Öl
- Salz
- Pfeffer
- Chilipulver
- Knoblauchpulver
- etwas Speisestärke

Nährwerte

272 kcal
23 g kh
9 g Fett
23 g Eiweiß

1 In einer kleinen Schale werden Chilipulver, Knoblauchpulver, etwas Salz und Pfeffer mit Öl vermengt. Der Tofu wird in Würfel geschnitten. Champignons und Tomaten putzen und die Paprika und Zwiebel in Stücke schneiden. Von dem Brokkoli einige kleine Röschen heraustrennen und waschen.

2 Spießen Sie nun die Zutaten abwechselnd auf die Spieße. In der Zwischenzeit wird etwas Öl in einer großen Pfanne erhitzt.

3 Nun werden die Spieße mit dem Gewürzöl bestrichen und in heißem Fett ringsherum knusprig gebraten.

4 Nehmen Sie die Spieße aus der Pfanne und geben Sie das restliche Öl hinzu. Mit etwas Wasser und einer Prise Speisestärke entsteht so eine leckere Soße.

5 Alternativ können die Spieße auch auf dem Grill zubereitet werden. Dafür mehrfach mit dem Öl bestreichen und knusprig grillen.

Zucchini-Auberginen-Spieß

2 Port. 25 Min. Leicht

Zutaten

- 2 Auberginen
- 2 kleine Zucchini
- Olivenöl
- 1 Handvoll frischer Petersilie
- 1 Handvoll frischer Minze
- 1 Handvoll frischer Dill
- Paprikapulver
- Salz
- Pfeffer

Nährwerte

102 kcal
8 g kh
6 g Fett
5 g Eiweiß

1 Die Zucchini und Auberginen werden in Scheiben geschnitten. Lassen Sie die Schale am Gemüse, so hat es mehr Stabilität.

2 Nun werden die Kräuter fein gehackt und mit Salz, Pfeffer, Paprikapulver und Olivenöl zu einer Marinade vermengt.

3 Die Gemüsescheiben werden nun abgedeckt für etwa 2 Stunden darin mariniert.

4 Spießen Sie die Scheiben nun längs auf Holzspieße, sodass sich etwa 3-4 Scheiben auf einem Spieß befinden.

5 Auf dem heißen Grill werden die Spieße nun von beiden Seiten goldbraun geröstet und zwischendurch immer wieder mit der Marinade bestrichen.

Süßkartoffeltaler

3 Port. 30 Min. Leicht

Zutaten

- ¾ kg Süßkartoffeln
- 1 TL Korianderkörner
- 1 Chilischote
- 5 g getrockneter Thymian
- 5 g getrockneter Estragon
- 2 Knoblauchzehen
- Salz
- Pfeffer
- Olivenöl

Nährwerte

314 kcal
62 g kh
5 g Fett
4 g Eiweiß

1 Waschen Sie die Süßkartoffeln ordentlich unter fließendem Wasser. Nun werden die Kartoffeln, ohne sie zu schälen, in Scheiben geschnitten.

2 Die Chilischote und der Knoblauch werden sehr fein gehackt und anschließend mit den Kräutern und den Gewürzen in etwas Olivenöl vermengt.

3 Spießen Sie die Kartoffeltaler nun längs auf Holzstäbe auf und bestreichen Sie sie mit dem Öl.

4 Grillen Sie die Spieße von beiden Seiten knusprig braun auf dem heißen Grill. Bestreichen Sie die Taler immer wieder mit dem Öl, bis möglichst alles verbraucht ist.

5 Dazu passt Kräuterquark oder Joghurtdressing. Als vegane Alternative lässt sich ein Joghurtdressing auch schnell aus etwas ungesüßtem Sojajoghurt, etwas Wasser, Gartenkräutern, Salz und Pfeffer zubereiten.

Feuriges Tempeh

2 Port. 25 Min. Leicht

Zutaten

300 g Tempeh
3 EL helle Sojasoße
2 EL Sesamöl
1 TL Kreuzkümmel
1 TL Paprikapulver
2 TL Chilipulver
1 TL Currypulver

Nährwerte

279 kcal
1 g kh
15 g Fett
32 g Eiweiß

1 Der Tempeh wird in etwa 2 cm dicke Scheiben geschnitten und in eine Schüssel gegeben.

2 Nun werden Sojasoße, Sesamöl und die Gewürze hinzugegeben. Dann wird alles so miteinander vermengt, dass der Tempeh komplett überzogen ist.

3 Lassen Sie den Tempeh nun für etwa 15 Minuten ruhen, bevor Sie ihn auf Schaschlikspieße stecken.

4 In der Pfanne oder auf dem Grill benötigen die Spieße etwa 10 Minuten, bis sie gar sind. Wenden Sie sie in dieser Zeit häufig, um ein Anbrennen zu vermeiden.

5 Dazu passt frischer Salat sehr gut.

Vegane Kofta-Spieße

2 Port. 50 Min. Mittel

Zutaten

- 2 Becher Bulgur
- 2 Knoblauchzehen
- 2 Zwiebeln
- 3 EL Tomatenmark
- etwas Olivenöl
- 1 Handvoll Petersilie
- Salz
- Pfeffer
- Chilipulver
- etwas Zitronensaft

Nährwerte

648 kcal
129 g kh
3 g Fett
22 g Eiweiß

1 In einem Topf wird der Bulgur mit heißem Wasser übergossen und abgedeckelt, sodass dieser ziehen kann.

2 Nun werden Zwiebeln, Knoblauch und Petersilie fein gehackt und in eine Schüssel gegeben.

3 Geben Sie nun den aufgequollenen Bulgur hinzu und würzen Sie diesen kräftig. Ein Schuss Zitronensaft wird ebenso hinzugegeben und anschließend wird die Masse gut durchgeknetet.

4 Nun wird die Masse um die Schaschlikspieße festgedrückt. Pinseln Sie die so entstandenen Frikadellen mit etwas Öl ein.

5 Auf dem Grill werden die Spieße so lange gegart, bis sich eine braune Kruste bildet.

Fenchel-Gemüse

2 Port. 20 Min. Leicht

Zutaten

- 2 Fenchelknollen
- 2 Kartoffeln
- etwas Olivenöl
- frischer Rosmarin

Nährwerte

119 kcal
20 g kh
1 g Fett
7 g Eiweiß

1 Der Fenchel wird in jeweils 8 Spalten geschnitten. Die Kartoffeln werden in Würfel geteilt.

2 In einer Schüssel werden die Fenchelspalten, die Kartoffeln und das Öl vermengt. Dazu kommt gehackter Rosmarin.

3 Lassen Sie die Zutaten für etwa 30 Minuten durchziehen.

4 Spießen Sie abwechselnd Fenchel und Kartoffeln auf Spieße und bestreichen Sie diese noch mit der restlichen Marinade.

5 Auf dem Grill so lange braten, bis die Kartoffeln bissfest und der Fenchel schön braun ist.

Vegane Würstchenspieße

4 Port. 20 Min. Leicht

Zutaten

- ½ kg Seitanfix
- 1 EL Knoblauchpulver
- 2 EL Zwiebelpulver
- 2 EL Paprikapulver
- 1 TL Zucker
- 1 TL Salz
- 20 g Haferflocken
- etwas Pfeffer
- 4 EL Senf
- 20 ml Öl
- 20 g Tomatenmark
- Wasser

Nährwerte

530 kcal
22 g kh
8 g Fett
9 g Eiweiß

1 In einer Schüssel werden alle Zutaten miteinander vermengt. Geben Sie so lange Wasser hinzu, bis sich eine glatte und formbare Masse bildet.

2 Die Masse wird in kleine Würstchen geformt. Währenddessen den Backofen auf 190 °C vorheizen.

3 Die Würstchen in Alufolie einwickeln, so behalten sie während des Backens ihre Form.

4 Im Ofen werden die Würstchen für 40 Minuten gebacken. Dann die Alufolie abziehen und kühl und trocken lagern, bis sie gegrillt werden sollen.

5 Zum Grillen auf Spieße stecken und auf dem Rost knusprig braun werden lassen.

Antipasti-Spieße

4 Port. 15 Min. Leicht

Zutaten

- 1 Glas Gewürzgurken
- 1 Knolle Knoblauch
- 1 Glas getrocknete Tomaten
- 1 Glas grüne Oliven
- 1 Glas schwarze Oliven

Nährwerte

133 kcal
15 g kh
6 g Fett
4 g Eiweiß

1 Lassen Sie die Oliven und die getrockneten Tomaten über ein Sieb gut abtropfen. Die Knoblauchzehen werden von ihrer Schale befreit.

2 Spießen Sie nun auf kleinen Spießen abwechselnd alle Zutaten auf. Die getrockneten Tomaten werden bestenfalls um eine Knoblauchzehe oder eine Olive gelegt, bevor Sie sie aufspießen, so sind sie stabiler.

3 Durch die bereits gewürzten Zutaten brauchen Sie die Spieße nicht weiter würzen und können diese sofort servieren.

4 Alternativ können Sie die Spieße kurz auf dem heißen Grill anrösten, dafür empfiehlt es sich, etwas längere Spieße zu verwenden.

Polenta-Spieß

3 Port. 50 Min. Mittel

Zutaten

200 g Blattspinat
1 l Brühe
frischer Rosmarin
300 g Polenta
Salz
Pfeffer
Muskat
1 Knolle Knoblauch
etwas Olivenöl

Nährwerte

626 kcal
77 g kh
6 g Fett
11 g Eiweiß

1 In einem Topf wird die Brühe zum Kochen gebracht. Hacken Sie den Rosmarin fein und geben Sie ihn mit in den Topf.

2 Nun die Polenta in die Brühe einrühren und von der Kochstelle nehmen. Lassen Sie das Ganze für etwa 15 Minuten quellen.

3 Hacken Sie den Spinat und heben Sie diesen unter die Polenta. Mit Salz, Pfeffer und Muskat abschmecken.

4 Formen Sie auf einem Backpapier kleine Taler aus der Masse und lassen Sie sie hart werden. In der Zwischenzeit aus dem gehackten Knoblauch und etwas Olivenöl ein Knoblauchöl anrühren.

5 Die Taler nun auf Spieße stecken und mit dem Knoblauchöl beträufeln. Auf dem heißen Grill benötigen die Spieße etwa 10 Minuten. Zwischendurch immer wieder mit dem Öl bestreichen.

Vegetarisch

Halloumi-Spieße

2 Port. 25 Min. Leicht

Zutaten

- 400 g Halloumi
- 2 EL Tabasco
- 2 EL Honig
- 2 EL Mayonnaise
- 2 EL helle Sojasoße
- 4 EL Siracha
- Cayennepfeffer

Nährwerte

774 kcal
12 g kh
59 g Fett
44 g Eiweiß

1 Der Halloumi wird in gleichmäßige Würfel geteilt.

2 In einer Schüssel werden nun die übrigen Zutaten zu einer Marinade vermengt. Wer es sehr feurig mag, gibt etwas mehr Cayennepfeffer hinzu.

3 Die Halloumiwürfel werden nun in die Marinade eingelegt und für etwa 10 Minuten ziehen gelassen.

4 Spießen Sie die Würfel nun auf Holzstäbe, sodass etwa 3-4 Würfel auf einem Spieß sind.

5 Auf dem Grill nun für 5 Minuten scharf braten, bis sich eine Braunfärbung einstellt.

Tofu mit Kräuterquark

2 Port. 30 Min. Leicht

Zutaten

- 300 g Tofu
- 1 Bund Petersilie
- 1 Bund Basilikum
- 1 Bund Schnittlauch
- 2 Frühlingszwiebeln
- 1 Becher Quark
- Salz
- Pfeffer

Nährwerte

246 kcal
6 g kh
12 g Fett
25 g Eiweiß

1 Schneiden Sie den Tofu in 3 cm große Würfel und spießen Sie diese auf Holzstäbe.

2 Braten Sie die Spieße in einer großen Pfanne von allen Seiten gut durch, bis sich der Tofu braun färbt und gar ist.

3 In der Zwischenzeit werden die Kräuter und die Zwiebeln fein gehackt.

4 Heben Sie die gehackten Kräuter unter den Quark und schmecken Sie mit reichlich Salz und Pfeffer ab.

5 Zu den fertigen Spießen den Kräuterquark als Dip reichen.

Käse-Teig-Spieße

2 Port. 30 Min. Leicht

Zutaten

- 1 Packung Blätterteig
- 200 g Käse, je nach Geschmack
- 1 Salatgurke
- etwas frischer grüner Salat
- 2-3 Tomaten

Nährwerte

667 kcal
42 g kh
40 g Fett
31 g Eiweiß

1 Schneiden Sie den Käse in etwa 2 cm große Würfel. Der Blätterteig wird in Streifen von etwa 3 cm geschnitten.

2 In der Zwischenzeit wird der Backofen auf 200 °C vorgeheizt. Lösen Sie die Blätter vom Salat und schneiden Sie die Gurke in Scheiben.

3 Auf Holzspießen werden nun 3-4 Käsewürfel aufgespießt. Ummanteln Sie den Käse mit den Blätterteigstreifen.

4 Legen Sie nun die Spieße auf ein Blech mit Backpapier und schieben Sie dieses in den Ofen.

5 Nach etwa 15 Minuten sollte sich der Teig braun färben. Nehmen Sie die Spieße heraus und reichen Sie dazu etwas frischen Salat mit Gurke und Tomate.

Halloumi mit leichtem Gemüse

2 Port. | 30 Min. | Leicht

Zutaten

- 200 g Halloumi
- 1 kleine Zucchini
- 1 Zitrone
- 1 rote Paprika
- 100 g Cocktailtomaten
- 1 Bund frische Petersilie
- etwas frischer Rosmarin
- etwas Öl
- Salz
- Pfeffer

Nährwerte

253 kcal
8 g kh
20 g Fett
11 g Eiweiß

1 Die Zucchini wird geschält und in Scheiben geschnitten, danach halbiert. Die Paprika wird von den Kernen befreit und in Stücke geschnitten. Die Zitrone wird halbiert, eine Hälfte wird in Scheiben schneiden, die andere wird entsaftet und die Haut wird abgeraspelt. Beides in einer kleinen Schüssel auffangen.

2 Zu dem Zitronensaft geben Sie nun etwas Öl, Salz und Pfeffer und vermengen die Marinade. Die Kräuter werden grob gezupft.

3 Spießen Sie nun abwechselnd Tomaten, Halloumi, Paprika, Zucchini und Zitrone auf Schaschlikspieße und bepinseln Sie das Ganze mit der Marinade.

4 Auf dem heißen Grill werden die Spieße für je 5 Minuten von jeder Seite gegart. Pinseln Sie zwischendurch immer wieder etwas Marinade darauf.

5 Servieren Sie die Spieße mit frischen Kräutern.

Kräutermais

4 Port. 40 Min. Leicht

Zutaten

4 Maiskolben
100 g Butter
200 g verschiedene frische Kräuter
4 Knoblauchzehen
2 Frühlingszwiebeln
Salz
Pfeffer

Nährwerte

361 kcal
29 g kh
24 g Fett
6 g Eiweiß

1 Der Mais wird in Salzwasser für etwa 20 Minuten gekocht und anschließend abgetropft.

2 Spießen Sie den Mais auf Schaschlikspieße auf und grillen Sie diese auf dem heißen Grill gut durch.

3 Währenddessen werden die Kräuter gehackt, ebenso der Knoblauch und die Zwiebeln.

4 In einer Schüssel wird die nicht gekühlte Butter nun mit den Kräutern vermengt, bis sich eine glatte Masse ergibt. Würzen Sie mit Salz und Pfeffer nach.

5 Geben Sie ein gutes Stück Butter auf die fertigen, heißen Maiskolben und lassen Sie dieses darauf zergehen.

Überbackenes Schaschlik

1 Port. 45 Min. Leicht

Zutaten

100 g Cocktailtomaten
1 kleine Zucchini
2 Paprika
100 g geriebener Käse
Olivenöl
Salz
Pfeffer
Paprikapulver

Nährwerte

504 kcal
29 g kh
27 g Fett
32 g Eiweiß

1 Heizen Sie den Backofen auf 200 °C vor und stellen Sie eine ausreichend große Auflaufform bereit.

2 Paprika und Zucchini werden in mundgerechte Stücke geschnitten und in einer Schüssel mit Olivenöl, Salz, Pfeffer und Paprikapulver vermengt.

3 Auf verschiedene Holzspieße werden nun die Zutaten abwechselnd aufgespießt. Die Spieße werden dann in die Auflaufform gelegt.

4 Streuen Sie nun den Käse darüber, sodass die Spieße gut bedeckt sind.

5 Die Spieße nun etwa 15 Minuten im Backofen garen, bis der Käse eine Kruste bildet.

Indonesische Käsespieße

2 Port. 30 Min. Leicht

Zutaten

300 g Grillkäse
2 rote Zwiebeln
1 grüne Paprika
1 gelbe Paprika

für die Marinade:

3 Knoblauchzehen
3 rote Zwiebeln
1 Stiel Zitronengras
1 Bund Petersilie
1 Limette
etwas Tomatenmark
1 TL Essig
1 TL Sojasoße
1TL Sambal Oelek

Nährwerte

631 kcal
46 g kh
26 g Fett
47 g Eiweiß

1 Die Zutaten für die Marinade werden in einer Schüssel zusammengerührt. Dazu die Zwiebeln, Knoblauch und Petersilie fein hacken. Die Limette auspressen und den Saft auffangen, die Schale abraspeln. Nun Zitronengras, Tomatenmark, Essig, Sojasoße und Sambal Oelek zugeben und vermengen.

2 Den Käse in kleine Würfel schneiden und in die Marinade für etwa 2 Stunden einlegen.

3 Schneiden Sie nun die Paprika und die Zwiebeln in Stücke.

4 Abwechselnd werden nun Gemüse und Käse auf Schaschlikspieße gesteckt und noch einmal mit der Marinade beträufelt.

5 Auf dem heißen Grill werden die Spieße nun so lange gegrillt, bis der Käse weich ist. Zwischendurch immer wieder etwas Marinade darauf verteilen.

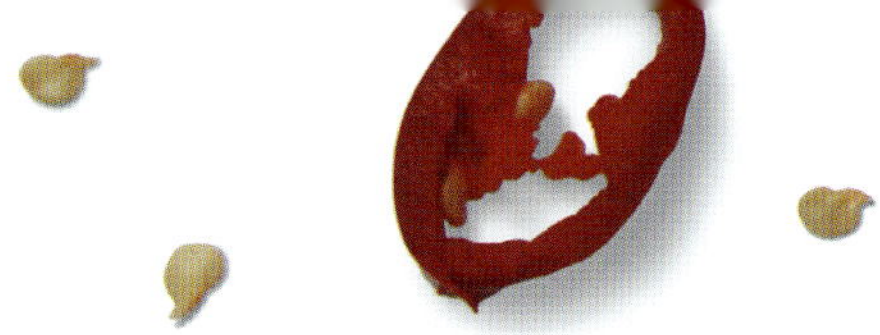

Scharfer Spieß

2 Port. 30 Min. Leicht

Zutaten

400 g Chilischoten, je nach Belieben verschiedene Schärfegrade	
1 Zitrone	
50 g Petersilie, gehackt	
1 kleiner Becher Naturjoghurt	
etwas Olivenöl	

Nährwerte

117 kcal
16 g kh
2 g Fett
8 g Eiweiß

1 Die Chilischoten werden vom Kerngehäuse befreit und anschließend in Ringe geschnitten. Die Ringe sollten nicht zu schmal sein.

2 In einer Schüssel wird der Joghurt mit der Petersilie und dem Saft der Zitrone vermengt.

3 Legen Sie die Ringe nun auf ein Brett und befüllen Sie sie mit dem Joghurt.

4 Stoßen Sie einen Spieß durch 5-6 hintereinanderliegende Chiliringe.

5 Auf dem heißen Grill werden die Spieße nun ganz kurz angebraten und sofort serviert.

Würzige Zuckererbsen

2 Port. 20 Min. Leicht

Zutaten

- ½ kg Zuckererbsen
- 50 ml Sojasoße, salzig
- 50 ml Sojasoße, süß
- 20 ml Teriyaki-Soße
- 20 ml Honig
- Salz

Nährwerte

217 kcal
38 g kh
1 g Fett
14 g Eiweiß

1 Für die Marinade werden die Sojasoßen mit dem Honig, der Teriyaki-Soße und etwas Salz vermischt.

2 Die Zuckerschoten werden nun etwa 20 Minuten abgedeckt mariniert.

3 Auf Holzspießen werden die Zuckerschoten aufgesteckt. Spießen Sie sie so auf, dass zwischen den einzelnen Schoten etwas Platz ist.

4 Auf dem heißen Grill werden die Spieße nun unter ständigem Wenden gegart, bis sich die Schoten braun färben. Bestreichen Sie die Spieße immer wieder mit der Marinade.

Knödel- und Rosenkohl-Spieß

2 Port. 40 Min. Leicht

Zutaten

- 1 Packung gefrorener Rosenkohl
- 300 g Kartoffeln, mehlig kochend
- 40 g Kartoffelstärke
- etwas Salz
- etwas Pfeffer
- etwas Muskat
- 1 Ei
- 1-2 TL Butter

Nährwerte

303 kcal
54 g kh
6 g Fett
7 g Eiweiß

1 Schälen Sie die Kartoffeln und kochen Sie sie anschließend in heißem Wasser, bis sie weich sind.

2 Zeitgleich wird der Rosenkohl in kochendem Wasser für etwa 5 Minuten blanchiert und anschließend über ein Sieb abgetropft.

3 Nun die weichen Kartoffeln mit Stärkemehl, Salz, Pfeffer, Muskat, Butter und Ei in einer Schüssel zerstampfen, bis eine glatte Masse entsteht.

4 Formen Sie kleine Klößchen aus dem Teig, die etwa genauso groß sind wie die Rosenkohlröschen. Nun werden Klößchen und Rosenkohl abwechselnd auf Spieße gesteckt.

5 Stellen Sie den Backofen auf 200 °C und backen Sie die Spieße auf Backpapier für etwa 20 Minuten. Wenn Sie es gern etwas knuspriger mögen, stellen Sie den Backofen für die letzten 5 Minuten auf Grillfunktion.

Cevapcici am Spieß

2 Port. 45 Min. Mittel

Zutaten

100 g rote Linsen
75 g Räuchertofu
50 g Feta
1 Ei
Gemüsebrühe
60 g Hartweizengrieß
Salz
Pfeffer
Paprikapulver
Currypulver
Semmelbrösel
2 Knoblauchzehen
1 Zwiebel
1 Chilischote
Olivenöl

Nährwerte

463 kcal
60 g kh
11 g Fett
28 g Eiweiß

1 Die Linsen werden in Gemüsebrühe etwa 20 Minuten gekocht und anschließend abgegossen.

2 Tofu und Feta zerbröseln und in eine Schüssel geben. Knoblauch, Chili und Zwiebel werden fein zerhackt und ebenfalls in die Schüssel gegeben.

3 Nach dem Abkühlen geben Sie die Linsen ebenfalls in die Schüssel. Nun kommen noch der Grieß, das Ei und die Gewürze hinzu. Kneten Sie daraus einen festen Teig und lassen Sie diesen etwa eine halbe Stunde ziehen.

4 Aus dem Teig werden nun Cevapcici um die Holzspieße geformt.

5 Grillen Sie die Cevapcici auf dem heißen Grill kross und beträufeln Sie sie mit etwas Olivenöl zum Servieren.

Tortellini mit Tomaten

3 Port. 40 Min. Leicht

Zutaten

- 400 g vegetarische Tortellini
- 200 g Cocktailtomaten
- Olivenöl
- 2 Knoblauchzehen

Nährwerte

515 kcal
95 g kh
6 g Fett
17 g Eiweiß

1 Die Tortellini werden nach Packungsanleitung gar gekocht und anschließend über ein Sieb abgetropft.

2 Die Tomaten gründlich waschen und an mehreren Stellen einstechen. Hacken Sie den Knoblauch fein und geben Sie ihn mit den Tomaten und etwas Olivenöl in eine Schüssel. Lassen Sie die Tomaten 10 Minuten ziehen.

3 Nun werden abwechselnd Tortellini und Tomaten aufgespießt.

4 In einer Pfanne mit heißem Öl werden die Spieße nun braun gebraten und mit dem restlichen Öl versehen.

5 Nach Bedarf könne Sie aus dem Sud noch eine leckere Soße zaubern.

Vegetarische Hackbällchen

4 Port. 25 Min. Mittel

Zutaten

- 1 große Zwiebel
- ¼ l Milch
- 250 g Haferflocken
- 2 Eier
- 150 Käse, gerieben
- Salz
- Pfeffer
- Curry
- optional Frühlingszwiebeln

Nährwerte

404 kcal
43 g kh
14 g Fett
23 g Eiweiß

1 Schälen Sie die Zwiebeln und hacken Sie sie möglichst fein. Die Haferflocken werden in der Milch aufgequollen.

2 In einer Schüssel werden nun alle Zutaten zu einer glatten Masse verknetet. Kneten Sie solange, bis die Masse gut gebunden ist.

3 Drücken Sie die Masse an langen Schaschlikspießen fest oder formen Sie kleine Frikadellen, die Sie dann aufspießen können.

4 Auf dem Grill oder in der Pfanne werden die Spieße nun etwa 5 Minuten von jeder Seite gebraten, bis sie eine bräunliche Färbung annehmen.

5 Als Garnitur können Sie in Röllchen geschnittene Frühlingszwiebeln verwenden.

Paneer vom Grill

2 Port. 60 Min. Schwer

Zutaten

3 l Milch
Zitronensaft

für die Marinade:

20 ml Orangensaft
2 EL Honig
1 EL Senf
Salz
Pfeffer
30 ml Öl

Nährwerte

359 kcal
11 g kh
25 g Fett
19 g Eiweiß

1 Bringen Sie die Milch in einem großen Topf zum Kochen. Reduzieren Sie dann die Hitze und geben Sie nach und nach so lange Zitronensaft hinzu, bis die Milch geronnen ist. Kochen Sie dann weiter, bis Käse und Molke getrennt sind.

2 Gießen Sie den Käse über ein Tuch ab. Nachdem er etwas abgekühlt ist, pressen Sie den Käse mit dem Tuch aus. Dafür das Tuch oben zusammenbinden und den Sack immer weiter eindrehen.

3 Der Käse wird im Tuch belassen und zwischen Brettern gepresst. Hier reichen Frühstücksbrettchen, die beschwert werden. Nach mindestens 1 Stunde sollte der Käse fest sein.

4 In der Zwischenzeit wird aus den links genannten Zutaten die Marinade angerührt.

5 Würfeln Sie nun den Käse und lassen Sie ihn über Nacht marinieren. Am nächsten Morgen können Sie die Würfel dann auf Holzspieße aufteilen.

6 Nun die Spieße auf dem Grill für einige Minuten goldbraun rösten und anschließend genießen.

Zucchini-Käse-Spieße

2 Port. 50 Min. Leicht

Zutaten

2 Zucchini
200 g Feta oder anderer Käse
Olivenöl
Salz
Pfeffer
Knoblauchpulver
etwas frischer Dill

Nährwerte

316 kcal
4 g kh
24 g Fett
16 g Eiweiß

1 Die Zucchini wird mit einem Sparschäler in dünne und breite Streifen geschnitten. Der Käse wird in etwa 2 cm große Würfel geteilt.

2 In einer Schüssel werden die Käsestücke mit Olivenöl, Salz, Pfeffer, Knoblauch und Dill eingelegt. Lassen Sie den Käse etwa 10 Minuten ziehen.

3 Wickeln Sie nun je einen Käsewürfel in ein Zucchiniblatt ein und spießen Sie 3-4 Päckchen auf einen Holzspieß.

4 Auf dem Grill werden die Spieße nun 10 Minuten gerillt und ab und an mit etwas Marinade bestrichen.

5 Wenn der Käse beginnt, zu zerlaufen, sind die Spieße verzehrfertig.

Fisch & Meeresfrüchte

Pangasius

2 Port. 40 Min. Leicht

Zutaten

400 g Pangasiusfilet

für die Marinade

50 g Honig
20 g Senf
25 ml Reisessig
1 Handvoll gehackter Koriander
2 EL Mayonnaise
etwas Chilipulver, optional Chilischoten
etwas Olivenöl
Salz
Pfeffer

Nährwerte

373 kcal
20 g kh
12 g Fett
45 g Eiweiß

1 Das Pangasiusfilet wird gründlich gewaschen, trocken getupft und anschließend in gleichmäßige Würfel geteilt.

2 Bereiten Sie nun aus den links genannten Zutaten die Marinade zu. Achten Sie darauf, dass alles gut miteinander vermengt ist.

3 Die Fischwürfel werden nun für mindestens eine halbe Stunde in der Marinade aufbewahrt.

4 Auf Holzstäbchen werden nun je einige Fischwürfel aufgespießt und anschließend noch einmal mit der Marinade bestrichen.

5 Auf dem heißen Grill werden die Spieße nun knusprig braun gebraten. Alternativ gelingen die Spieße auch im Backofen bei 200 °C in etwa 15 Minuten.

Garnelenspieß

2 Port. 30 Min. Leicht

Zutaten

20 Garnelen
1 Bund Petersilie
5 Knoblauchzehen
1 Zwiebel
1 Orange
Olivenöl
Salz
Pfeffer

Nährwerte

264 kcal
20 g kh
9 g Fett
24 g Eiweiß

1 Die Petersilie unter fließendem Wasser gründlich spülen und trockenschleudern. Dann ein paar Blätter abzupfen und zur Dekoration aufheben. Die restliche Petersilie wird möglichst fein gehackt.

2 Schälen Sie die Zwiebel und hacken Sie sie in feine Würfel. In einer kleinen Pfanne werden die Zwiebelwürfel nun krossgebraten. Geben Sie zu den bereits braunen Zwiebeln den Saft einer Orange und überführen Sie den Sud in eine Schüssel.

3 Der Knoblauch wird durch eine Knoblauchpresse gedrückt und kommt gemeinsam mit der gehackten Petersilie zu dem Zwiebelsud in die Schüssel. Würzen Sie die Marinade noch etwas mit Salz und Pfeffer und geben Sie noch einen Schuss Olivenöl hinzu.

4 In der Marinade werden die Garnelen für etwa 3 Stunden eingelegt. Kurz vor dem Grillen verteilen Sie die Garnelen auf vier Holzspieße. Achten Sie darauf, dass die Garnelen gut sitzen.

5 Auf dem Grill werden die Spieße nun für etwa 10 Minuten von jeder Seite gut durchgebraten und zwischendurch mit der Marinade beträufelt. Richten Sie die fertigen Spieße mit etwas Petersilie auf einem Teller an und geben Sie noch einen Spritzer der Marinade darüber.

Fisch und Fleisch

4 Port. 35 Min. Leicht

Zutaten

- 400 g Rindfleisch
- 200 g Garnelen
- 200 g Jakobsmuscheln oder Seelachsfilet
- 200 g Cocktailtomaten
- 1 Zucchini
- 1 Zwiebel
- etwas Öl
- Salz
- Pfeffer

Nährwerte

237 kcal
7 g kh
6 g Fett
39 g Eiweiß

1 Das Rindfleisch wird in gleichmäßige Stücke gewürfelt. Von den Garnelen den Kopf entfernen und die Jakobsmuscheln auslösen.

2 Zwiebel und Knoblauch werden fein gehackt, die Zucchini wird in Würfel geschnitten.

3 Bestücken Sie die Spieße abwechselnd mit Rind, Muschelfleisch und Garnelen. Zwischendurch je ein Stück Zucchini platzieren.

4 In einer kleinen Schale werden Zwiebel und Knoblauch mit Öl vermengt. Dieses Knoblauchöl wird kurz vor dem Grillen auf die Spieße gestrichen.

5 Auf dem heißen Grill sind die Spieße innerhalb weniger Minuten gar. Geben Sie zwischendurch noch einmal etwas Knoblauchöl über die Spieße.

Süßer Seeteufel

2 Port. 25 Min. Leicht

Zutaten

- 2 große, reife Mangos
- ½ kg Seeteufel
- 1-2 Knoblauchzehen
- 2 EL Balsamicoessig
- etwas Salz
- Olivenöl

Nährwerte

274 kcal
30 g kh
8 g Fett
19 g Eiweiß

1 Der Seeteufel wird in Würfel geteilt, die etwa 2-3 cm dick sind. Schälen Sie die Mango und schneiden Sie sie dann in Streifen. Diese sollten etwas breiter sein, da die Mango schon reif ist und ansonsten leicht zerfällt.

2 In einer Schüssel wird der Balsamicoessig mit etwas Olivenöl und Salz vorgelegt. Die Knoblauchzehen werden hineingepresst.

3 Vermengen Sie nun den Seeteufel mit der Marinade.

4 Auf Holzspieße werden abwechselnd Fisch und Mango gespießt, anschließend die Spieße mit etwas Marinade bestreichen.

5 Grillen Sie die Spieße auf dem heißen Grill für etwa 5 Minuten, bis sie sich langsam braun färben.

Goldener Lachsspieß

4 Port. 30 Min. Leicht

Zutaten

500 g Lachsfilet
4 gelbe Spitzpaprikas
Olivenöl
1 Zitrone
5 EL Honig
2 EL Senf
Salz
Pfeffer

Nährwerte

374 kcal
21 g kh
17 g Fett
31 g Eiweiß

1 Bereiten Sie aus dem Saft einer Zitrone, dem Honig und dem Senf eine Marinade zu. Etwas Olivenöl sorgt dafür, dass die Marinade flüssiger wird. Mit Salz und Pfeffer können Sie sie noch zusätzlich etwas würzen.

2 Entfernen Sie die Haut vom Lachsfilet und waschen Sie das Fleisch gründlich. Nun werden großzügig etwa 4-5 cm große Würfel aus dem Filet geschnitten. Schneiden Sie die Würfel nicht zu klein, da sich das Fleisch beim Braten oder Grillen noch etwas zusammenzieht.

3 Die Lachswürfel werden nun für etwa 1 Stunde in der Marinade eingelegt. Währenddessen werden die Paprikas vom Kerngehäuse befreit und in etwa 2 cm dicke Scheiben geschnitten.

4 Spießen Sie nun abwechselnd Lachswürfel und Paprika auf die Holzspieße und bepinseln Sie die Spieße noch einmal mit der Marinade.

5 Auf dem Grill sind die Spieße in wenigen Minuten gar und können mit etwas Marinade gereicht werden.

6 Alternativ können Sie die Spieße auch in einer Pfanne von allen Seiten gut anbraten und anschließend für einige Minuten in der zugegebenen Marinade und etwas Wasser köcheln lassen. So entsteht eine leckere Soße. Komplettieren Sie das Gericht mit bissfest gegartem Reis.

Muschelspieß

2 Port. 35 Min. Leicht

Zutaten

20 Miesmuscheln
2 Zwiebeln
Olivenöl
Salbei
Balsamicoessig
Salz
Pfeffer

Nährwerte

214 kcal
17 g kh
6 g Fett
21 g Eiweiß

1 Wenn nicht schon fertig gekauft, lösen Sie das Fleisch aus den Muscheln heraus und spülen es gründlich unter fließendem Wasser ab.

2 Die Zwiebeln werden geschält, möglichst klein gehackt und in eine Schüssel gegeben. Hacken Sie ebenso den Salbei und vermengen Sie ihn mit den Zwiebeln. Geben Sie nun etwa 2 EL Balsamicoessig sowie 3 EL Olivenöl hinzu und würzen Sie die Marinade mit Salz und Pfeffer.

3 Die Muscheln werden nun für mindestens zwei Stunden in der Marinade eingelegt. Decken Sie die Schüssel dafür ab und stellen Sie sie in den Kühlschrank.

4 Bestücken Sie nun vier Holzspieße mit den marinierten Muscheln und grillen Sie diese auf dem bereits heißen Holzkohlegrill für etwa 5 Minuten von allen Seiten. Beträufeln Sie die Muscheln dabei immer wieder mit der Marinade, bis diese aufgebraucht ist.

5 Alternativ können Sie die Spieße auch im Backofen grillen. Dabei werden die Muscheln immer wieder mit der Marinade bepinselt und regelmäßig gewendet.

Avocado-Lachs-Spieß

4 Port. 40 Min. Leicht

Zutaten

3 große Avocados, nicht zu reif
½ kg Lachsfilet
etwas Olivenöl
10 g Honig
Saft einer halben Zitrone
2 Knoblauchzehen
250 g Cocktailtomaten

Nährwerte

525 kcal
6 g kh
46 g Fett
18 g Eiweiß

1 Heizen Sie den Backofen auf 200 °C vor und stellen Sie eine ausreichend große Auflaufform bereit.

2 Das Lachsfilet wird in gleichmäßige Würfel geschnitten. Die Avocados halbieren, den Kern entfernen und die Haut abziehen. Dann das Fruchtfleisch in dicke Streifen schneiden. Der Knoblauch wird fein gehackt oder gepresst.

3 In einer kleinen Schüssel vermengen Sie Olivenöl, Zitronensaft, Honig und Knoblauch miteinander. Damit wird der Fisch eingerieben.

4 Spießen Sie nun jeweils abwechselnd Avocado, Tomaten und Lachs auf die Spieße. Legen Sie die Spieße nebeneinander in die Auflaufform.

5 Im Backofen werden nun die Spieße für etwa 15 Minuten gegart, bis der Lachs durch ist.

Sushi vom Grill

2 Port. 30 Min. Leicht

Zutaten

200 g Thunfisch als Filet
200 g Lachsfilet

für die Marinade:
5 g geriebener Ingwer
etwa 1 EL Wasabipaste
Sojasoße

Nährwerte

359 kcal
1 g kh
19 g Fett
44 g Eiweiß

1 Die Fischfilets werden in Würfel geschnitten. Wenn Sie den Fisch innen roh genießen wollen, schneiden Sie die Stücke etwas größer.

2 Den Backofen heizen Sie auf 200 °C vor und legen ein Rost mit Backpapier aus.

3 Stellen Sie aus dem Ingwer, der Wasabipaste und der Sojasoße eine glatte Marinade her. Je nach Geschmack nehmen Sie etwas mehr oder weniger Wasabi. Die Sojasoße geben Sie so lange hinzu, bis die Marinade schön flüssig ist.

4 Der Fisch wird nun für 10 Minuten in die Marinade eingelegt.

5 Spießen Sie nun die Würfel auf Holzstäbchen auf und legen diese auf das Backpapier. Die Marinade darüber träufeln und für etwa 5 Minuten backen.

Limetten-Fisch-Spieße

2 Port. 40 Min. Mittel

Zutaten

- 400 g Seelachsfilet
- 3 Limetten
- 2 gelbe Paprika
- 1 Bund Dill
- Olivenöl
- Salz
- Pfeffer
- 1 EL Honig
- 1 EL Gewürzmischung für eingelegte Gurken

Nährwerte

360 kcal
15 g kh
19 g Fett
30 g Eiweiß

1 Von einer der Limetten wird mit einer Raspel die Schale abgeschabt und in einer Schüssel aufgefangen. Zusätzlich wird der Saft dieser Limette hinzugegeben. Der Dill wird möglichst fein gehackt und ebenfalls in die Schüssel gegeben. Nun wird der Marinade noch Honig und die Gewürzmischung sowie ein Schuss Olivenöl und etwas Salz und Pfeffer zugefügt. Rühren Sie alles gründlich um.

2 Das Seelachsfilet wird unter fließendem Wasser gesäubert und anschließend in etwa 3 cm große Würfel geschnitten. Die Fischwürfel werden nun für etwa 3 Stunden in die Marinade eingelegt.

3 In der Zwischenzeit werden die Paprika von den Kernen befreit und in 3 cm große Vierecke geteilt. Die übrigen Limetten werden in Spalten geschnitten.

4 Spießen Sie nun abwechselnd die Fischwürfel, Limettenspalten und Paprikastücke auf insgesamt vier Holzspieße auf.

5 Die Spieße benötigen in der Pfanne sowie auf dem Grill nur einige Augenblicke, bis sie gar sind. Bestreichen Sie sie immer wieder mit der Marinade und wenden Sie sie regelmäßig.

6 In der Pfanne gebraten, kann aus der restlichen Marinade und etwas Wasser eine leckere Soße zubereitet werden.

Teriyaki-Lachsspieße

2 Port. 30 Min. Leicht

Zutaten

- 500 g Lachsfilet
- 100 ml Ananassaft
- 50 ml Sojasoße
- 1 daumengroßes Stück Ingwer
- 1 Knoblauchzehe
- 1 EL brauner Zucker
- 1 TL Zitronensaft
- Salz
- Pfeffer
- frische Kräuter
- optional Frühlingszwiebelringe
- Zitronenspalten
- 2 EL Sesamsamen

Nährwerte

580 kcal
7 g kh
35 g Fett
59 g Eiweiß

1 Die Teriyaki-Marinade wird in einer Schüssel angerührt, die genügend Platz für das Fleisch bietet. Dazu werden der Ingwer und der Knoblauch fein gerieben und mit dem Ananassaft, der Sojasoße und dem Zitronensaft vermengt. Etwas Salz und Pfeffer dazugeben, um die Marinade noch etwas stärker zu würzen. Dann einen großzügigen Esslöffel braunen Zucker untermischen und so lange rühren, bis dieser sich komplett aufgelöst hat.

2 Das Lachsfilet wird in etwa 4 cm große Würfel geschnitten und für mindestens 3 Stunden in die Marinade eingelegt.

3 Spießen Sie nun die Lachswürfel auf vier Holzspieße und überziehen Sie das Fleisch noch einmal mit der Marinade.

4 Auf dem Grill werden die Spieße nun langsam gegart. Bestreichen Sie die Spieße immer wieder mit der Marinade. Durch den Zucker und den Ananassaft karamellisiert die Marinade nach und nach an der Oberfläche und bildet einen köstlichen Überzug.

5 Wenden Sie die Spieße regelmäßig und bestreuen Sie sie kurz vor dem Servieren mit einigen Sesamsamen. Zum Garnieren verwenden Sie frische Kräuter und fein geschnittene Ringe einer Frühlingszwiebel. Die Zitronenspalten runden den Geschmack ab.

Fisch mit Zucchiniröllchen

3 Port. 20 Min. Leicht

Zutaten

- 400 g Fischfilet nach Wahl
- 3 kleine Zucchini
- Olivenöl
- 1 Bund frischer Dill
- Salz
- Pfeffer
- 2 Knoblauchzehen

Nährwerte

353 kcal
6 g kh
21 g Fett
30 g Eiweiß

1 Das Fischfilet wird in etwa 3 cm große Stücke geschnitten. Dill und Knoblauch werden fein gehackt.

2 In einer Schüssel werden nun Knoblauch, Dill, Salz, Pfeffer und Olivenöl zu einer Marinade verrührt. Die Fischstücke werden darin eine halbe Stunde mariniert.

3 In der Zwischenzeit werden die Zucchini der Länge nach mit einem Sparschäler in dünne Streifen geschnitten. Diese können nach Belieben mit etwas Salz und Pfeffer gewürzt werden.

4 Nehmen Sie nun eine der Zucchinischeiben und rollen Sie diese auf. Spießen Sie sie auf einen Holzspieß. Danach spießen Sie ein Stück Fisch auf und wiederholen das Ganze.

5 Auf dem heißen Grill werden die Spieße so lange gegart, bis sich eine leichte Braunfärbung abzeichnet. Geben Sie zwischendurch immer wieder etwas von der Marinade auf die Spieße.

Krosse Sesamspieße

3 Port. 25 Min. Leicht

Zutaten

300 g Lachsfilets

für die Kruste:

100 g Sesamsamen

50 ml Saft, z. B. Orangen- oder Zitronensaft

2 EL Sojasoße, süß

2 EL Essig

5 EL Erdnussbutter

Nährwerte

530 kcal
9 g kh
38 g Fett
34 g Eiweiß

1 Der Ofen wird auf 200 °C eingestellt. Die Spieße werden auf dem Rost gegart, stellen Sie also am besten eine Auffangschale auf den Boden des Ofens, um den austretenden Bratensaft aufzufangen.

2 Nun das Lachsfilet in Würfel schneiden und beiseitestellen.

3 Aus den restlichen Zutaten wird eine Paste hergestellt. Achten Sie darauf, dass diese nicht zu flüssig wird.

4 Nun die Lachswürfel mit der Paste vermengen und danach auf Holzstäbchen spießen.

5 Wälzen Sie die Spieße nun in den Sesamsamen und legen Sie sie anschließend im Backofen auf den Grillrost. Nach etwa 10 Minuten ist die Kruste schön kross und der Lachs ist gar.

Fisch-Mandarinen-Spieße

3 Port. 35 Min. Leicht

Zutaten

- ½ kg Fischfilet nach Wahl
- 5 große Mandarinen
- Saft einer halben Zitrone
- 1 TL Chilipulver
- Salz
- Pfeffer
- Olivenöl

Nährwerte

245 kcal
7 g kh
12 g Fett
24 g Eiweiß

1 Schälen Sie die Mandarinen und teilen Sie sie in die einzelnen Stücke. Das Fischfilet wird in mundgerechte Würfel geschnitten.

2 Mischen Sie aus dem Zitronensaft, dem Chilipulver, etwas Salz und Pfeffer sowie etwas Olivenöl eine Marinade an.

3 Der Fisch wird nun für mindestens 2 Stunden mariniert.

4 Der Backofen wird in der Zwischenzeit auf 200 °C vorgeheizt und eine Auflaufform wird bereitgestellt.

5 Nun abwechselnd den Fisch und je ein Stück Mandarine auf Holzspieße schieben und in die Auflaufform legen. Geben Sie noch etwas von der Marinade dazu und lassen Sie die Spieße 5-10 Minuten backen.

Backfischspieße

3 Port. 45 Min. Schwer

Zutaten

- 500 g Seelachsfilet
- 125 g Mehl
- 125 ml Bier
- 2 Eier
- 40 g Butter
- Salz
- Öl

Nährwerte

489 kcal
33 g kh
24 g Fett
29 g Eiweiß

1 Schneiden Sie das Fischfilet in mundgerechte Stücke.

2 Für den Teig werden Mehl und Bier mit etwas Salz glatt gerührt, die Eier werden getrennt. Dann wird das Eigelb zugegeben und gut verrührt. Lassen Sie den Teig etwa 15 Minuten ziehen. Die Butter wird währenddessen in der Mikrowelle auf kleiner Stufe zerlassen und anschließend unter den Teig gerührt. Mit einem Schneebesen oder Mixer das Eiweiß steif schlagen und unter den Teig heben.

3 Geben Sie in eine hohe Pfanne etwa 500 ml Frittierfett. Während das Fett erhitzt wird, spießen Sie die Fischstücke auf die Schaschlikspieße.

4 Ist das Fett heiß genug, tauchen Sie die Spieße in den Teig, sodass das Fleisch bedeckt ist, und lassen die Spieße für etwa 5 Minuten frittieren.

5 Frittieren Sie nicht mehr als zwei Spieße gleichzeitig, so bleibt genug Platz in der Pfanne.

6 Tipp: Auch Garnelen lassen sich auf diese Art köstlich zubereiten.

Gegrillter Lachs

2 Port. 40 Min. Leicht

Zutaten

350 g Lachsfilet
1 daumengroßes Stück Ingwer
1 Zitrone
2 EL Honig
2 Knoblauchzehen
etwas Olivenöl

Nährwerte

490 kcal
12 g kh
30 g Fett
41 g Eiweiß

1 Vom Lachsfilet wird die Haut entfernt. Ingwer und Knoblauch werden fein gehackt. Die Zitrone wird abgerieben und gepresst.

2 Mischen Sie aus dem Zitronensaft, dem Zitronenabrieb, Knoblauch, Ingwer, Honig und Olivenöl eine Marinade an.

3 Spießen Sie die Lachsfilets auf Holzstäbchen. Für bessere Stabilität können Sie auch zwei Stäbchen verwenden.

4 Auf dem Grill wird nun das Filet scharf angebraten. Bestreichen Sie es immer wieder mit der Marinade.

5 Nach etwa 15-20 Minuten sollte der Fisch gar sein. Geben Sie zum Servieren noch etwas von der Marinade mit auf den Teller.

Süße Spieße

Marshmallow-Seitan

2 Port. 15 Min. Leicht

Zutaten

200 g Marshmallows
200 g Seitan
30 g brauner Zucker
2 EL Honig

Nährwerte

632 kcal
79 g kh
2 g Fett
71 g Eiweiß

1 Der Backofen wird auf 180 °C vorgeheizt.

2 Teilen Sie den Seitan in Würfel, die in etwa so groß wie die Marshmallows sind.

3 In einer Schüssel werden Zucker und Honig miteinander vermengt, bis der Zucker sich aufgelöst hat.

4 Abwechselnd werden Marshmallows und Seitan auf die Spieße gesteckt und mit der Honigmischung bestrichen.

5 Im Ofen werden die Spieße nun in einer Auflaufform für etwa 10 Minuten gebacken, bis der Honig karamellisiert.

Gegrilltes Obst

2 Port. 25 Min. Leicht

Zutaten

- 400 g Obst nach Wahl:
  - Sternfrucht
  - Ananas
  - Papaya
  - Kiwi
  - Feige
  - Banane
- etwas Honig
- 5 g Sonnenblumenkerne
- 5 g Sesamsamen
- 5 g Mandeln
- 5 g Haselnüsse

Nährwerte

195 kcal
30 g kh
7 g Fett
4 g Eiweiß

1 Das Obst wird, ohne es zu schälen, in mundgerechte Stücke geschnitten.

2 In einem Mixer werden die Sonnenblumenkerne, die Sesamsamen, die Mandeln und die Haselnüsse zerstoßen und anschließend mit etwas Honig vermengt.

3 Spießen Sie nun das Obst abwechselnd auf Holzstäbchen und beträufeln Sie diese mit dem Honiggemisch.

4 Auf dem Grill werden die Spieße nun kurz geröstet, bis der Honig auf den Früchten karamellisiert.

5 Zum Servieren noch mit ein paar Samen bestreuen.

Birne-Kürbis

2 Port. 25 Min. Leicht

Zutaten

3 noch harte Birnen
400 g Kürbis
etwas Honig

Nährwerte

54 kcal
10 g kh
1 g Fett
3 g Eiweiß

1 Birnen und Kürbis werden in etwa 2 cm große Würfel geschnitten.

2 Spießen Sie nun abwechselnd Birne und Kürbis auf Spieße.

3 Auf dem heißen Grill werden die Spieße für etwa 15 Minuten gebraten.

4 Wenden Sie die Spieße regelmäßig. Zum Servieren noch mit etwas Honig beträufeln und als Nachtisch genießen.

5 Alternativ können auch Äpfel statt Birnen verwendet werden.

Karibischer Spieß

2 Port. 20 Min. Leicht

Zutaten

½ Kokosnuss
½ Ananas
3 TL brauner Zucker
etwas Öl

Nährwerte

393 kcal
20 g kh
32 g Fett
3 g Eiweiß

1 Der Backofen wird auf 200 °C vorgeheizt und der Rost wird mit Backpapier versehen.

2 Kokosnuss und Ananas werden in Spalten geschnitten. Die Kokosnuss sollte etwas dünner geschnitten werden.

3 Nun die beiden Zutaten im Wechsel aufspießen und zum Backen auf den Rost legen.

4 Bestreichen Sie die Spieße mit etwas Öl und streuen Sie den Zucker darüber.

5 Den Rost in den Ofen schieben und für etwa 5 Minuten backen lassen. Wenn die Ananas braun wird, ist der Spieß gar.

Fruchtspieße

4 Port. 10 Min. Leicht

Zutaten

- 100 g Erdbeeren
- 2 Kiwis
- 2 Bananen
- 100 g Weintrauben
- 100 g Ananas
- optional Honig

Nährwerte

90 kcal
20 g kh
1 g Fett
1 g Eiweiß

1 Die frischen Zutaten werden in mundgerechte Stücke geschnitten.

2 Spießen Sie die Zutaten nun abwechselnd auf Holzstäbchen, sodass sich ein bunter Mix ergibt.

3 Wenn Sie es süß mögen, beträufeln Sie die Spieße noch mit etwas Honig.

4 Diese Fruchtspieße eignen sich sehr gut als Nachtisch oder für den Heißhunger auf etwas Süßes zwischendurch.

Marshmallow-Schaschlik

1 Port. 15 Min. Leicht

Zutaten

15 Marshmallows

10 große Erdbeeren

Nährwerte

259 kcal
61 g kh
1 g Fett
1 g Eiweiß

1 Die Erdbeeren waschen und anschließend trocken tupfen.

2 Spießen Sie nun abwechselnd Marshmallows und Erdbeeren auf Holzspieße.

3 Auf dem sehr heißen Grill werden die Spieße nun ganz kurz geröstet, sodass die Marshmallows weich werden, die Erdbeeren aber noch möglichst frisch bleiben.

4 Die Spieße sind durch die Marshmallows sehr heiß und sollten vor dem Verzehr etwas abkühlen.

Erfrischender Melonenspieß

2 Port. 20 Min. Leicht

Zutaten

- 2 Handvoll frische Minze
- 1 kleine Wassermelone
- 2 EL Zucker
- 2 EL Honig
- 1 Prise Salz

Nährwerte

101 kcal
23 g kh
0 g Fett
2 g Eiweiß

1 Die Wassermelone wird in Würfel oder Dreiecke geschnitten, die etwa 2-3 cm groß sind. Die Minze wird sehr fein gehackt.

2 In einer Schüssel werden Minze, Zucker und Honig vermengt und eine Prise Salz wird hinzugegeben.

3 Spießen Sie nun die Melonenstücke auf die Holzstäbchen. Auf einem Backpapier ausgelegt können Sie die Spieße nun mit der Honigmischung beträufeln.

4 Die Spieße sollten auf dem heißen Grill nur ganz kurz angeröstet werden.

5 Zum Servieren noch einmal mit dem Honig beträufeln und Minzblätter als Garnitur beilegen.

Feige Banane

3 Port. 25 Min. Leicht

Zutaten

4 Feigen	
5 Bananen	
75 g Sesamsamen	
5 EL Honig	

Nährwerte

403 kcal
62 g kh
13 g Fett
7 g Eiweiß

1 Bananen und Feigen werden in mundgerechte Stücke geschnitten. Diese sollten etwa 2-3 cm dick sein.

2 Aus dem Honig und dem Sesam wird eine Marinade gemischt.

3 Die Obststücke werden nun auf Spieße gesteckt und mit dem Honig beträufelt.

4 In einer Pfanne mit heißem Öl werden die Spieße nun scharf, aber kurz angebraten, sodass der Honig karamellisieren kann.

5 Servieren Sie die Spieße auf einem Teller und geben Sie den Rest des Honigs darüber.

Gegrillte Ananas

2 Port. 30 Min. Leicht

Zutaten

1 Ananas
1 Handvoll Minze
1 EL Kakao
etwas Öl

Nährwerte

194 kcal
30 g kh
7 g Fett
2 g Eiweiß

1 Schälen Sie die Ananas und schneiden Sie diese in Würfel.

2 Die Minze wird sehr fein gehackt und in einer Schüssel mit ganz wenig Öl vermengt.

3 Die Ananasstücke auf Holzspieße stecken und mit dem Minzöl bestreichen. Dann die Spieße mit wenig Kakao bepudern.

4 Auf dem Grill werden die Spieße für 5-10 Minuten gegrillt, bis die Ananas etwas weich wird.

5 Alternativ können die Spieße auch bei 200 °C im Backofen für 15 Minuten gebacken werden.

Frittiertes Obst

2 Port. 45 Min. Mittel

Zutaten

400 g Obst nach Wahl

für den Teig:

125 g Mehl
125 ml Bier
2 Eier
40 g Butter
Salz
500 ml Frittierfett

Nährwerte

598 kcal
81 g kh
24 g Fett
10 g Eiweiß

1 Für den Teig werden Mehl und Bier mit etwas Salz glatt gerührt, die Eier werden getrennt. Dann wird das Eigelb zugegeben und gut verrührt. Lassen Sie den Teig etwa 15 Minuten ziehen. Die Butter wird währenddessen in der Mikrowelle auf kleiner Stufe zerlassen und anschließend unter den Teig gerührt. Mit einem Schneebesen oder einem Mixer das Eiweiß steif schlagen und unter den Teig heben.

2 Erhitzen Sie etwa 500 ml Frittierfett in einer großen Pfanne.

3 In der Zwischenzeit wird das Obst in kleine Würfel geschnitten und abwechselnd auf Holzspieße gesteckt.

4 Tauchen Sie nun die Spieße in den Teig und lassen Sie sie anschließend im heißen Fett frittieren, bis der Teig leicht bräunlich ist.

5 Die Spieße auf Küchenkrepp abtropfen lassen und heiß oder kalt genießen.

Schoko-Obst-Spieße

2 Port. 30 Min. Leicht

Zutaten

100 g Erdbeeren
2 Bananen
200 g Kuvertüre

Nährwerte

641 kcal
75 g kh
32 g Fett
9 g Eiweiß

1 Die Erdbeeren werden vom grünen Strunk befreit. Die Bananen schälen und in Stücke schneiden.

2 In der Mikrowelle oder im Wasserbad wird die Kuvertüre geschmolzen.

3 Spießen Sie nun das Obst auf Holzstäbchen und legen Sie diese auf einen Rost. Unter dem Rost am besten eine Schüssel aufstellen, sodass überschüssige Schokolade aufgefangen wird.

4 Gießen Sie die Kuvertüre vorsichtig über das Obst und lassen Sie die Schokolade aushärten.

Dango

2 Port. 60 Min. Mittel

Zutaten

110 g Klebereismehl
70 g Reismehl
170 ml Wasser

für die Soße:

100 ml Wasser
3 EL Sojasoße
100 g Puderzucker
10 g Speisestärke
1 EL Mirin

Nährwerte

517 kcal
124 g kh
1 g Fett
1 g Eiweiß

1 Zuerst werden die Zutaten für den Teig miteinander vermengt und so lange geknetet, bis die Masse etwas fester und glatt ist.

2 Aus dieser Masse werden kleine Klößchen geformt. Diese werden in heißem Wasser gekocht, bis sie oben schwimmen.

3 Die gegarten Klößchen werden auf Holzspieße gesteckt. Diese Spieße werden in einer Pfanne mit heißem Öl leicht angeröstet. Stellen Sie die Temperatur nicht zu hoch ein.

4 In einem kleinen Topf wird derweil die Soße aus den links genannten Zutaten zusammengerührt und so lange gekocht, bis sich alle Zutaten gelöst haben und die Soße schön dickflüssig ist.

5 Die gerösteten Klößchen werden nun mit Soße überzogen und serviert. Dazu passt grüner Tee sehr gut.

Gebratene Banane

2 Port. 10 Min. Leicht

Zutaten

- 2-3 reife Bananen
- Sesamsamen
- 3 EL Honig
- etwas Öl zum Braten

Nährwerte

165 kcal
38 g kh
1 g Fett
2 g Eiweiß

1 Schälen Sie die Bananen und schneiden Sie sie in etwa fingerdicke Stücke.

2 Die Bananenstücke werden nun auf Holzspieße gesteckt.

3 In einer großen Pfanne wird etwas Öl erhitzt und einige Sesamsamen werden darin angeröstet.

4 Legen Sie nun die Spieße in die Pfanne und beträufeln Sie sie mit etwas Honig. Nach 2-3 Minuten wenden und wiederum mit Honig beträufeln.

5 Zum Servieren mit Sesamsamen bestreuen und bei Bedarf noch etwas Honig hinzugeben.

Süßer Reste-Spieß

1 Port. 10 Min. Leicht

Zutaten

- Kuchenreste vom Vortag
- frisches Obst
- Sahne
- bunte Streusel

Nährwerte

290 kcal
40 g kh
12 g Fett
3 g Eiweiß

1 Wenn Sie Kuchenreste vom Vortrag übrighaben, schneiden Sie diese in kleine Würfel. Äquivalent dazu schneiden Sie frisches Obst auf.

2 Nun werden abwechselnd Obst und Kuchen auf Holzspieße gesteckt und auf einen Teller gelegt.

3 Schlagen Sie die Sahne steif und verteilen Sie mithilfe einer Spritztüte kleine Sahnehäubchen auf den Spießen.

4 Bestreuen Sie das Ganze mit bunten Streuseln.

Beilagen & Dips

Ofenkartoffel

2 Port. 25 Min. Leicht

Zutaten

5-6 kleine Kartoffeln
1 Frühlingszwiebel
50 g geriebener Käse
1 Handvoll frische Kräuter
Salz
Pfeffer

Nährwerte

165 kcal
22 g kh
4 g Fett
8 g Eiweiß

1 Waschen Sie die Kartoffeln gründlich und wickeln Sie sie in Alufolie ein.

2 Auf dem Grill oder im vorgeheizten Backofen werden die Kartoffeln nun etwa 15-20 Minuten gegart.

3 In der Zwischenzeit die Kräuter hacken und die Frühlingszwiebeln in kleine Ringe schneiden. Dies wird in einer Schale mit Salz, Pfeffer und dem Käse vermengt.

4 Nach der Garzeit werden die Kartoffeln vorsichtig von der Folie befreit. Schneiden Sie die Kartoffeln oben kreuzförmig an und geben Sie nun etwas von dem Käsegemisch in die entstandene Öffnung.

5 Lassen Sie den Käse einen Moment zergehen, bevor Sie die Kartoffeln genießen.

Knusprige Kartoffelspalten

1 Port. 30 Min. Leicht

Zutaten

3 große Kartoffeln
2 EL Olivenöl
Salz
Pfeffer
Paprikapulver

Nährwerte

236 kcal
41 g kh
5 g Fett
5 g Eiweiß

1 Heizen Sie den Backofen auf 180 °C vor. Je nach Geschmack und Belieben werden die Kartoffeln geschält oder direkt mit Schale zubereitet.

2 Schneiden Sie die rohen Kartoffeln in schmale Spalten und brausen Sie sie mit etwas Wasser ab, um die überschüssige Stärke abzuspülen.

3 Nun wird das Öl mit Salz, Pfeffer und Paprikapulver vermengt. Darin werden die Kartoffelspalten ausgiebig mariniert.

4 Wenn die Spalten vollständig mit Öl benetzt sind, werden diese im Backofen für etwa 15-20 Minuten kross gebacken.

5 Nach Bedarf wird noch einmal nachgewürzt.

Süßkartoffelpommes

2 Port. 20 Min. Leicht

Zutaten

3 große Süßkartoffeln
etwa 500 ml Frittierfett
Salz

Nährwerte

183 kcal
30 g kh
6 g Fett
2 g Eiweiß

1 In einer tiefen Pfanne wird das Frittierfett erhitzt.

2 In der Zwischenzeit werden die Kartoffeln geschält und in dünne Stäbchen geschnitten.

3 Die Stäbchen werden nun vorsichtig in dem Öl frittiert, bis sie an der Oberfläche schwimmen.

4 Nehmen Sie die Pommes heraus und lassen Sie sie auf einem Tuch abtropfen.

5 In einer Schüssel werden die frittierten Pommes nun mit etwa einem EL Salz geschwenkt.

Käsebrot

10 Port. 25 Min. Leicht

Zutaten

1 Laib Brot
150 g geriebener Käse
1 Handvoll frische Kräuter nach Belieben

Nährwerte

375 kcal
68 g kh
4 g Fett
13 g Eiweiß

1 Heizen Sie den Backofen auf 170 °C vor.

2 In der Zwischenzeit schneiden Sie den Laib Brot rautenförmig ein. Achten Sie darauf, den Laib nicht ganz durchzuschneiden.

3 Nun die Kräuter fein hacken und mit dem Käse vermengen.

4 Stopfen Sie den Käse in die Einschnitte des Brotes. Sollte etwas Käse übrigbleiben, verteilen Sie diesen über dem Laib.

5 Das Brot kommt für etwa 10 Minuten in den Backofen, bis der Käse langsam beginnt, eine bräunliche Färbung anzunehmen.

Kräuterquark

4 Port. 10 Min. Leicht

Zutaten

- 1 Becher körniger Frischkäse
- 25 g Naturjoghurt
- 1 Bund Dill
- 1 Zwiebel
- 1 Zitrone
- Salz
- Pfeffer

Nährwerte

82 kcal
6 g kh
3 g Fett
7 g Eiweiß

1 Der Frischkäse und der Joghurt werden miteinander vermengt. Wer es lieber cremiger möchte, sollte etwas mehr Joghurt statt Frischkäse nehmen.

2 Schälen Sie nun die Zwiebel und hacken Sie sie zusammen mit dem Dill möglichst fein.

3 Geben Sie die gehackten Zutaten sowie den Saft einer halben Zitrone zu dem angerührten Quark und vermengen Sie alles miteinander.

4 Schmecken Sie mit Salz, Pfeffer und Zitronensaft ab.

5 Der Quark eignet sich als Dip für Fischspieße sehr gut.

Dunkle Grillsoße

6 Port. 35 Min. Leicht

Zutaten

25 ml Essig
100 ml Apfelsaft
100 ml Ketchup
1 Knoblauchzehe
1 EL dunkle Sojasoße
1 TL Worcestersoße
1 EL Whiskey
20 g Ahornsirup
1 TL geräucherte Paprika
Salz
Pfeffer

Nährwerte

116 kcal
26 g kh
1 g Fett
2 g Eiweiß

1 In einem Topf werden, bis auf den Whiskey und die geräucherte Paprika, alle Zutaten miteinander vermengt.

2 Lassen Sie den Sud für etwa 20 Minuten vorsichtig köcheln.

3 Geben Sie nun die verbleibenden Zutaten hinzu und lassen Sie die Soße kurz aufkochen.

4 Zum Schluss noch mit Salz und Pfeffer abschmecken und servieren.

5 In einem geschlossenen Behälter ist die Soße über mehrere Tage im Kühlschrank haltbar.

Zaziki

4 Port. 20 Min. Leicht

Zutaten

- 500 g Joghurt
- 5 Knoblauchzehen, gern auch etwas mehr
- 1 grüne Gurke
- 2 EL Essig
- 3 EL Olivenöl
- 1 TL Salz
- 1 TL Pfeffer

Nährwerte

151 kcal
11 g kh
9 g Fett
6 g Eiweiß

1 Die Knoblauchzehen werden gepresst und in den Joghurt gerührt.

2 Schälen Sie die Gurke und raspeln Sie diese nun fein. Fangen Sie die Raspeln auf einem separaten Teller auf.

3 Die Gurken werden nun mit dem Salz bestreut und kurz ziehen gelassen.

4 Lassen Sie die Gurke abtropfen und geben Sie sie anschließend in den Joghurt.

5 Geben Sie nun die restlichen Zutaten hinzu und vermengen Sie alles gründlich. Am nächsten Tag schmeckt das Zaziki noch besser.

6 Die Gurken sollten möglichst viel Flüssigkeit verlieren, sodass der Joghurt nicht durch das Gurkenwasser verwässert.

Chili-Ingwer-Paprika-Soße

1 Port. 25 Min. Leicht

Zutaten

30 g Ingwer
½ Paprikaschote
2 Chilischoten
1 Knoblauchzehe
8 EL Zucker
5 EL Essig
200 ml Wasser
etwas Salz
etwas Öl

Nährwerte

222 kcal
50 g kh
2 g Fett
0 g Eiweiß

1 Die Paprika wird in 1-2 cm große Würfel geschnitten, ebenso werden die Chilis vorbereitet. Der Knoblauch wird von der Schale befreit. In einem Mixer werden nun all diese Zutaten zu einem Mus verarbeitet.

2 Während eine Pfanne vorgeheizt wird, wird der Ingwer in möglichst feine Stücke geschnitten. Nun in der Pfanne nur wenig Öl erhitzen und darin den Zucker karamellisieren lassen. Dann die restlichen Zutaten zugeben, kurz anbraten und sofort mit Wasser aufgießen.

3 Lassen Sie den Sud nun so lange bei kleinerer Temperatur köcheln, bis die Flüssigkeit leicht eindickt.

4 Die noch warme Soße wird in saubere Schraubgläser gefüllt und auf dem Kopf stehend abgekühlt.